对外汉语短期强化系列教材

A series of Chinese textbooks for short-term intensive training programs for foreigners

SHORT-TERM LISTENING CHINESE

第二版
2nd Edition

汉语听力速成

提高篇
Pre-Intermediate

毛悦 ■ 主编   井梦然 刘长征 ■ 编著

北京语言大学出版社
BEIJING LANGUAGE AND CULTURE
UNIVERSITY PRESS

图书在版编目(CIP)数据

汉语听力速成·提高篇／毛悦主编；井梦然，刘长征编著．—2版．—北京：北京语言大学出版社，2011.4重印
ISBN 978-7-5619-2825-7

Ⅰ.①汉… Ⅱ.①毛…②井…③刘… Ⅲ.①汉语—听说教学—对外汉语教学—教材 Ⅳ.①H195.4

中国版本图书馆CIP数据核字（2010）第144932号

书　　名：	汉语听力速成·提高篇 第二版
责任印制：	汪学发

出版发行：**北京语言大学出版社**

社　　址：	北京市海淀区学院路15号　　邮政编码：100083
网　　址：	www.blcup.com
电　　话：	发行部　82303650/3591/3651
	编辑部　82303647
	读者服务部　82303653/3908
	网上订购电话　82303668
	客户服务信箱　service@blcup.net
印　　刷：	北京联兴盛业印刷股份有限公司
经　　销：	全国新华书店
版　　次：	2010年6月第2版　2011年4月第2次印刷
开　　本：	787毫米×1092毫米　1/16　印张：15.5
字　　数：	241千字
书　　号：	ISBN 978-7-5619-2825-7/H·10202
定　　价：	39.00元（含录音MP3）

凡有印装质量问题，本社负责调换，电话：82303590

修订说明

　　《汉语听力速成》系列教材自2002年出版以来，得到了海内外学习者和教师的普遍欢迎。随着时间的推移，教材中有些内容已落后于中国当前的现实生活，影响了教材的使用。此次修订，我们对教材中的一些练习和注释作了细节上的修订，还更换了过时的内容，以使教材内容更贴近当前现实。同时，每册都增加了生词表和一定数量的新课。在使用过程中我们得到反馈，教师普遍反映教学内容应再多一些，这样教材还可以用于普通进修生的听力教学。因此，我们在《入门篇》里添加了语音专题，通过大量专门的语音练习解决初级学生的语音问题；同时在听录音做练习部分增加了一些任务活动，引导学生在"做中学"；此外，《基础篇》增加了8课；《提高篇》增加了8课；《中级篇》增加了4课；《高级篇》增加了4课。在原有基础上又增加了租房、工作、交友、解决矛盾等与生活相关的实用性话题，以及文化习俗、气候、环境、科技、法律、旅游等热门话题。我们试图为学习者提供丰富的汉语听力资料，让学习者通过听力训练提高汉语交际能力，能使用汉语进行生活和工作，同时也通过听力资料了解中国的传统文化和当代中国，了解中国人的思维方式和思想观念。

　　各册的配套录音改为MP3形式，附于书中，方便课后复习和自学。

编者

2010年3月

前 言

　　听力教学是专门为提高学生听力水平所进行的教学活动，它通过各种有意识的教学手段来帮助学生听懂所给的材料，培养和提高学生听的能力，从而达到沟通交流的教学目的，绝非只是重复地播放课文录音。短期教材由于教学对象的需求，要求充分考虑到教材的实用性和时效性，要优选与学生的日常生活、学习、交际等方面的活动有直接联系的话题、功能和语言要素进行教学，并且要尽量使学生在每一个单位教学时间里都能及时地看到自己的学习效果。与一般教材相比，这套听力教材输入量大，进度快，练习充分。我们试图吸收任务教学法的一些经验，每课设置一个主要话题，根据话题选择听力材料，包括不同的任务类型，要求学生掌握与本课话题相关的生词、语言点、重要结构、表达方式，并能运用这些经验成分听懂语言材料，实现交际目的，以使学生每次课都有每次课的收获，每个短暂的教学周期结束后都能达到预期的教学目标。

一、教材体例

　　《汉语听力速成》是以短期来华留学生为主要教学对象的听力系列教材，包括《入门篇》《基础篇》《提高篇》《中级篇》《高级篇》五个等级，每个等级分"课本"和"录音文本及练习答案"两大部分。

● 《入门篇》

　　适合零起点和掌握了200个左右汉语词的学习者使用。共15课，涉及日常生活、学习和社交等交际活动，包括问候、数字、时间、购物、交通、饮食、爱好、方位、住宿、生活服务、健康医疗、天气、服装、人物描写、留言核实以及计划和安排等交际项目。每课课文都包括单句听解、一问一答对话听解、对话听解和短文听解四个部分。听解内容由短到长，由浅入深，逐步深入，特别适合初级学习者。同时课文内容随着交际任务的深入，呈阶梯状增加难度，很好地适应了学生逐步提高汉语听力水平的需要。

● 《基础篇》

适合具有初步听说能力、熟练掌握汉语简单句型和800个左右汉语词的学习者使用。共20课，涉及日常生活、学习、社交等交际活动，包括买东西、去餐厅吃饭、问路、看病、租房、交友、订计划、解决矛盾、美容、工作等等，对这些交际活动中涉及的简单交际任务项目进行了处理。课文以对话体为主。主要目的是让学生听懂生活中的日常谈话，能够很快地参加交际活动。

● 《提高篇》

适合具有基本的听说能力，熟练掌握汉语一般句式和主要复句、特殊句式及1500个汉语词的学习者使用。共20课，涉及生活、学习、社交、工作等交际活动的一般性交际项目，如交通状况、体育运动、参观旅行、职业与工作、自然与环境、网络、风俗与禁忌、科学与迷信、影视娱乐、经典人物、现代生活等。课文在对话体的基础上加入了一些短文。《提高篇》训练学生在听懂对话体语段的基础上，听懂叙述独白体语段的能力。

● 《中级篇》

适合具有一般的听说能力，掌握2500个以上汉语词以及一般性汉语语法内容的学习者使用。共16课，涉及生活、学习、工作、社会文化等内容较复杂的交际项目，如婚姻、教育、法律、农业、工业、电脑、交通、气候、奥运等话题。每课分短文和话题讨论两部分，目的是训练学生听懂长段文章的能力。选取短文时注意短文结构的典型性和规范性。话题讨论部分从广播电视的访谈节目中寻找素材，加以改写，分成两部分：一是对话题的讨论，包括叙述、描写、提问、回答等方式的应用；另一部分为评论式的谈话，大多为较完整的语段，使学生了解对话的方式与独自表述的结构特点，便于听懂涉及高级交际任务项目的内容。

● 《高级篇》

适合具有较好的听说能力，掌握3500个以上汉语词，能够基本上流利而得体地用汉语进行交流的具有较高汉语水平的学习者使用。共16课，涉及社会文化、新闻广播、专业工作等内容复杂的交际项目，如中外关系、体育世界、电脑空间、经济与社会、百姓生活、中医与健康、文学与艺术、教育与择业、人物与组织、环境与自然、自然与人类、人口与地球、法律、旅游地理、非物质文化遗产、科学与宇宙等。《高级篇》训练学生听懂广播电视节目及新闻的能力。听力材料大量选用实况讲话和讲座。每课分精听和泛听两部分，从不同侧面与该课话题相关，语体正式。

二、教材使用建议

《汉语听力速成》共分五个等级，每册分生词、格式与范句、热身练习、听课文做练习等几部分，有的分册还设有综合练习和泛听练习。

• **格式与范句**：要求学生课前准备，课后掌握。编写此部分的目的是让学生在听完一课以后学习到一些有关本课的重要生词和格式、句型，使这套听力教材不仅仅是口语课的复习，而且能够相对独立地使用。

• **热身练习**：一般分词汇练习和语句练习两部分。练习量较大，包括词语搭配、同音词或同义词的辨析、重点句型的操练等形式，由教师上课时选择处理。目的是在正式听课文前使学生熟练掌握生词及重点句式和结构，为正式听课文扫清障碍。

• **听课文做练习**：《入门篇》《基础篇》《提高篇》重视练习方式的多样性，考虑到课文难度不太大，我们设计练习时注意避免同一种练习形式在一课内多次出现，以减少学生的厌倦情绪，提高课堂教学的效率，增加同一教学任务教学内容的容量。《中级篇》《高级篇》注重听较长语段的能力的培养，设计了一些训练学生听重点词、填写课文内容、改错等形式的练习，使学生在听录音的同时养成注意分析说话人语义重点、语段表达的结构以及句与句之间的连接方式等习惯，这对他们提高口语表达能力也有很大帮助。

• **综合练习**和**泛听练习**：教师可以在课上有区别地处理全部内容，也可以把泛听部分留作学生的课后作业。

《汉语听力速成》系列教材适合各种短期班教学使用，同时也可以作为一般进修教学的听力技能课教材或自学教材使用。这套教材可以与《汉语口语速成》《汉语阅读速成》（均为北京语言大学出版社出版）配套使用，它们在难易程度上和话题选择上具有一致性。《汉语听力速成》的《入门篇》

《基础篇》《提高篇》《中级篇》和《高级篇》可以分别配合《汉语口语速成》的《入门篇》《基础篇》《提高篇》《中级篇》和《高级篇》使用。同时，由于这套教材的编写有其相对独立性，也可以与其他分等级的系列教材搭配使用。

　　本套教材为教师组合处理教材留有很大余地。本次修订各册均增加了教学内容，丰富了话题范围，使教材可同时适用于半年以上的进修教学。用于教学周期较长的班级（教学时间在8周以上）时，教师可细化处理课文的每一环节，4-6课时学习一课；用于教学周期较短的班级（8周以下）时，教师可从每课中抽取所需部分，将泛听部分留做课后作业，2课时学习一课，加快教学进度。自学者可以按照教材提供的线索，先学生词，再通过热身练习扫清障碍，再听课文，学习有关话题的基本知识，做综合练习掌握本课的语法点、语段结构与表述方式。

　　每册附有"录音文本及练习答案"，但要求学生上课前不要看。为了便于使用，"录音文本及练习答案"与"课本"合订为一册，从后往前装订。

编者

目录 Contents

第 一 课　校园生活　*(1)*
Lesson 1　Life on Campus

第 二 课　饮食　*(9)*
Lesson 2　Food and Drink

第 三 课　购物　*(17)*
Lesson 3　Going Shopping

第 四 课　寻求帮助　*(23)*
Lesson 4　Asking for Help

第 五 课　休闲娱乐　*(28)*
Lesson 5　Leisure and Entertainment

第 六 课　交通状况　*(34)*
Lesson 6　Traffic

第 七 课　婚姻与家庭　*(41)*
Lesson 7　Marriage and Family

第 八 课　体育运动　*(47)*
Lesson 8　Sports

第 九 课　参观旅游　*(53)*
Lesson 9　Visiting and Traveling

第 十 课　疾病与治疗　*(59)*
Lesson 10　Diseases and Medication

第十一课　职业与工作　*(65)*
Lesson 11　Occupation

第十二课　健康　（*71*）
Lesson 12　Health Care

第十三课　教育与就业　（*77*）
Lesson 13　Education and Employment

第十四课　谈网络　（*82*）
Lesson 14　Talking about the Internet

第十五课　风俗与禁忌　（*90*）
Lesson 15　Customs and Taboos

第十六课　自然与环境　（*98*）
Lesson 16　Nature and Environment

第十七课　现代生活　（*105*）
Lesson 17　Modern Life

第十八课　科学与迷信　（*111*）
Lesson 18　Science and Superstition

第十九课　影视娱乐　（*118*）
Lesson 19　Film and Television

第二十课　经典人物　（*125*）
Lesson 20　Classic Characters

生词表　（*131*）
Vocabulary

第一课

校园生活
Life on Campus

一、生词　New Words　29"

1.	秘诀	mìjué	(名)	secret
2.	自然	zìrán	(副)	naturally
3.	外向	wàixiàng	(形)	extrovert
4.	开朗	kāilǎng	(形)	sanguine; optimistic
5.	健谈	jiàntán	(形)	be a good talker
6.	内向	nèixiàng	(形)	introvert
7.	独处	dúchǔ	(动)	be alone
8.	地道	dìdao	(形)	genuine
9.	儿化	érhuà	(动)	suffixation of a monosyllabic "r" to a syllable, causing a retroflexion of the preceding vowel
10.	演讲	yǎnjiǎng	(名)	lecture
11.	片面	piànmiàn	(形)	one-sided
12.	开阔眼界	kāikuò yǎnjiè		broaden one's outlook
13.	增长	zēngzhǎng	(动)	increase; rise; grow
14.	充分	chōngfèn	(形)	full
15.	精彩	jīngcǎi	(形)	wonderful; marvelous
16.	亲身	qīnshēn	(形)	personal; first-hand
17.	体会	tǐhuì	(名)	experience
18.	说服力	shuōfúlì	(名)	persuasion
19.	观点	guāndiǎn	(名)	point of view; viewpoint
20.	过分	guòfèn	(形)	excessive; over

21.	强调	qiángdiào	（动）	emphasize
22.	忽视	hūshì	（动）	ignore; neglect
23.	耽误	dānwù	（动）	miss; delay
24.	得不偿失	dé bù cháng shī		the loss outweighs the gain
25.	辩论	biànlùn	（动）	debate

二、格式与范句 Patterns and examples

1 那要看……了　It depends on ...

① A：从北京到上海要花多长时间？
　　B：那要看你怎么去了。坐火车要花十个小时，坐飞机两个多小时就到了。

② A：请你给我推荐一个好的饭馆。
　　B：那要看你想吃什么了。如果想吃四川菜，当然是去四川饭店；如果想吃粤菜，就去香港美食城。

2 这样一来　by doing this
用于总结上文，引出下文。

① 他来中国以后开始学习太极拳，并且坚持每天练习。这样一来，他不但汉语进步很快，而且身体也越来越好了。

② 他听不懂汉语，我听不懂英语。我们找了个翻译，这样一来，我们就能互相了解了。

3 和……有（很大）关系　concern; have to do with

① 小王身体不太好，这和他抽烟有很大关系。
② 这件事和他没有关系。

4 受……的影响　be influenced by; under the influence of

① 受妈妈的影响，玛丽从小就很喜欢音乐。
② 玛丽从小就很喜欢音乐，这是受她妈妈的影响。
③ 日本文化受中国文化的影响很大。

5 把 A 说成 B　　to say A but it sounds like B

① 他的发音有问题，常常把"四"说成"十"。

② 他常常把 zh、ch、sh 说成 j、q、x，所以别人听不懂他说的汉语。

6 A 跟（和）B 是两回事

A is different from B; A and B are two entirely different things

① 会说英语跟会教英语是两回事。

② 他说的跟我说的是两回事。

三、热身练习　Warm-up exercises

一　词语练习 Word exercises　▶ 1'39"

1. 朗读词语。 Read the following expressions aloud.

(1) 性格内向　　　　(2) 增长知识　　　　(3) 影响身体
　　性格外向　　　　　　增长经验　　　　　　影响学习

(4) 耽误学习　　　　(5) 亲身体会　　　　(6) 过分强调
　　耽误上课　　　　　　亲身经历　　　　　　过分小心

2. 听句子，写出刚学过的生词。

Listen to the sentences and write down the new words.

(1)　　　　　　　　　　　(2)
(3)　　　　　　　　　　　(4)
(5)　　　　　　　　　　　(6)
(7)　　　　　　　　　　　(8)
(9)　　　　　　　　　　　(10)

二 句子练习 Sentence exercises ▶ 5'20"

听第一遍后选择正确答案,听第二遍后模仿。
Listen to the following sentences and choose the correct answers, and then listen again and repeat.

1. A. 会说汉语的人一定会教汉语
   B. 会说汉语的人不一定会教汉语
   C. 会教汉语的人不一定会说汉语
   D. 要做的两件事是说汉语和教汉语

2. A. 旅游可以锻炼身体,还可以不上课
   B. 旅游的时候,能学到很多课本上的东西
   C. 旅游可以提高自己的能力,还能增长知识
   D. 旅游看到的东西,课本上都没有

3. A. 玛丽的妈妈喜欢音乐
   B. 玛丽的妈妈不喜欢音乐
   C. 玛丽小时候喜欢音乐,长大以后不喜欢了
   D. 玛丽和妈妈都不喜欢音乐

4. A. j、q、x 和 z、c、s
   B. j、q、x 和 zh、ch、sh
   C. zh、ch、sh 和 z、c、s
   D. j、q、x 和 g、k、h

5. A. 我不知道你怎么去
   B. 去的方法不一样,用的时间也不一样
   C. 你应该告诉我你为什么去上海
   D. 怎么去都一样

6. A. 这样做的结果比较好
   B. 这样做的结果不好

C. 这样做得到的好处比较多

D. 这样做有得也有失

7. A. 旅游对学习汉语没有什么作用

B. 旅游对学习汉语只有一点儿作用，不应该强调

C. 不应该过分强调旅游对学习汉语的重要性

D. 应该特别强调旅游对学习汉语的重要性

四、听课文做练习 Exercises based on the texts

课文一 Text 1

1. 听后选择正确答案。Listen and choose the correct answers.

① A. 很好　　B. 不太好　　C. 这是一个秘密　　D. 不知道

② A. 多玩儿　　B. 多说　　C. 多看　　D. "四多"

③ A. 只要多玩儿，就能学好汉语

B. 只有多玩儿，才能学好汉语

C. 不多玩儿就不能学好汉语

D. 多玩儿可以帮助学好汉语，但要注意玩儿的方法

④ A. 可以不去上课

B. 可以学到课堂上学不到的东西

C. 可以学到课堂上的东西

D. 不上课也能学到课堂上的东西

⑤ A. 买东西　　B. 打网球　　C. 打篮球　　D. 参观名胜古迹

2. 根据对话填空。Fill in the blanks according to the dialogue.

约翰汉语说得很好，他的秘诀是＿＿＿＿＿＿，就是＿＿＿＿＿＿、

_____、_____、_____。他常常和_____一起出去玩儿，比如_____、_____、_____什么的，这样一来，_____自然就多了，还能_____。

课文二 Text 2 11'54"

1. 听后选择正确答案。 Listen and choose the correct answers.

① A. 口语　　　　B. 阅读　　　　C. 听力　　　　D. 性格

② A. 开朗　　　　B. 健谈　　　　C. 口语水平比较低　　　　D. 朋友比较多

③ A. 喜欢独处　　　　　　　　B. 口语水平比较高
　　C. 阅读水平比较高　　　　　D. 不爱说话

④ A. 内向　　　　　　　　　　B. 外向
　　C. 有时候外向，有时候内向　　D. 既不外向，也不内向

⑤ A. 他真的认为自己的口语水平和阅读水平都很高
　　B. 他认为自己的口语水平很低，阅读水平很高
　　C. 他不是真的认为自己的口语水平和阅读水平都很高，他在开玩笑
　　D. 他认为自己的口语水平和阅读水平都不高

2. 连线。 Listen and match the two columns.

- 性格外向的人
- 性格内向的人

- 不爱说话
- 开朗
- 喜欢独处
- 健谈
- 口语水平比较高
- 阅读水平比较高

校园生活 **Life on Campus** 1

课文三　Text 3　14'53"

听后选择正确答案。Listen and choose the correct answers.

1. A. 他们是出租汽车司机
   B. 他们是东北人
   C. 他们受方言的影响，普通话说得不标准
   D. 他们不是北京人

2. A. 北京人　　B. 广东人　　C. 东北人　　D. 四川人

3. A. 北京人　　B. 广东人　　C. 东北人　　D. 四川人

4. A. 北京人　　B. 广东人　　C. 东北人　　D. 四川人

5. A. 是一回事　B. 不是一回事　C. 完全一样　D. 没有关系

课文四　Text 4　18'15"

听后选择正确答案。Listen and choose the correct answers.

1. A. 老师在给留学生上汉语课　　B. 这是一场演讲比赛
   C. 这是旅行社在做广告　　　　D. 两个留学生在聊天儿

2. A. 中国人　　B. 美国人　　C. 日本人　　D. 不知道是哪国人

3. A. 旅游也需要学习　　　　B. 旅游不需要学习
   C. 旅游也是一种学习　　　D. 旅游影响学习

4. A. 这种看法是完全正确的　　B. 这种看法是完全错误的
   C. 这种看法是很全面的　　　D. 这种看法是不全面的

7

5 A. 演讲的同学认为旅游没有什么用

　　B. 演讲的同学认为旅游既花钱，又浪费时间

　　C. 演讲的同学认为旅游有很多缺点

　　D. 演讲的同学认为旅游既可以增长知识，又可以锻炼自己

课文五　Text 5

听后判断对错。 Listen and decide whether the statements are true or false.

(1) 玛丽觉得今天的演讲比赛很成功。　　　　　　　　　　　　（　）

(2) 约翰认为今天的演讲比赛不太好，只有那个日本同学的演讲《旅游也是一种学习》还不错。　　　　　　　　　　　　　　（　）

(3) 有的同学的演讲准备得不太充分。　　　　　　　　　　　　（　）

(4) 玛丽根本不同意那个日本同学的观点。　　　　　　　　　　（　）

(5) 玛丽认为那个日本同学的演讲一点儿也不好。　　　　　　　（　）

(6) 玛丽认为旅游对学习汉语没有作用，上课才是最好的方法。　（　）

(7) 玛丽认为要想学好汉语，上课比旅游重要。　　　　　　　　（　）

(8) 玛丽认为为了旅游不去上课是值得的。　　　　　　　　　　（　）

(9) 玛丽认为为了旅游耽误上课，对学汉语没有好处。　　　　　（　）

(10) 约翰要跟玛丽辩论。　　　　　　　　　　　　　　　　　　（　）

第二课

饮 食
Food and Drink

一、生词　New Words

1.	尽管	jǐnguǎn	（副）	feel free to; not hesitate to
2.	铁板牛肉	tiěbǎn niúròu		name of a dish
3.	香菇菜心	xiānggū càixīn		name of a dish
4.	清炒西蓝花	qīngchǎo xīlánhuā		name of a dish
5.	荤	hūn	（形）	meat or fish
6.	素	sù	（形）	vegetarian
7.	主食	zhǔshí	（名）	staple food; principal food
8.	辣椒	làjiāo	（名）	chilli; hot pepper
9.	发愁	fā//chóu	（动）	worry; be anxious
10.	公用	gōngyòng	（形）	public
11.	手艺	shǒuyì	（名）	art; craftsmanship
12.	俱	jù	（副）	all
13.	佳	jiā	（形）	good; fine
14.	炒	chǎo	（动）	stir-fry
15.	搅	jiǎo	（动）	stir; mix
16.	葱花	cōnghuā(r)	（名）	chopped green onion
17.	盛	chéng	（动）	ladle; put sth. into a container
18.	味精	wèijīng	（名）	gourmet powder
19.	酸	suān	（形）	sour; tart
20.	速冻	sùdòng	（形）	quick-frozen
21.	学以致用	xué yǐ zhì yòng		study for the purpose of application

二、格式与范句 Patterns and examples

1 ……什么，……什么。

两个"什么"指示相同的事物，表示前者决定后者。可以这样用的还有"哪儿""谁"等。

① 你吃什么，我吃什么。

② 你想要什么，我就给你什么。

③ 你去哪儿，我去哪儿。

2 ……吧，……；……吧，……

表示两种选择各有缺点，都不能让人满意，很难决定。

① 坐飞机去吧，太贵；坐火车去吧，太慢。

② A：周末你打算去哪儿玩儿？

　B：我还没拿定主意。去长城吧，路太远；去颐和园吧，人又太多。

3 话是这么说，可（可是、但是）……   What you say is true, but ...

表示先同意对方的意见，但是还要讲明自己的不同看法、理由或主张。

① A：多听多说才能学好汉语。

　B：话是这么说，可是要做到很不容易。

② A：来中国当然要尝一尝中国菜。

　B：话是这么说，可是这个菜油太多，我实在吃不下去。

4 V+起来……

用在句子的主语和谓语之间，对事物的某一方面进行评价。

① 这辆自行车骑起来很舒服。

② 这件事听起来很容易，可是做起来很难。

5 听……的   do as sb. says; follow sb.'s advice

按照某人说的话去做。

① 他的话有道理，还是听他的吧。

② 谁让你不听我的呢？现在后悔了吧？

饮 食
Food and Drink 2

三、热身练习 Warm-up exercises

一 词语练习 Word exercises ▶ 1'3"

1. 朗读词语。 Read the following expressions aloud.

(1) 公用厨房　　　(2) 荤菜素菜　　　(3) 色、香、味俱佳
    公用电话　　　 一荤一素　　　 词、曲俱佳

(4) 盛菜　　　　　(5) 速冻饺子　　　(6) 炒菜
    盛饭　　　　　 速冻食品　　　 西红柿炒鸡蛋

2. 听句子，写出刚学过的生词。

Listen to the sentences and write down the new words.

(1)　　　　　　　　　　(2)
(3)　　　　　　　　　　(4)
(5)　　　　　　　　　　(6)
(7)　　　　　　　　　　(8)
(9)　　　　　　　　　　(10)

二 句子练习 Sentence exercises ▶ 4'15"

听第一遍后选择正确答案，听第二遍后模仿。

Listen to the following sentences and choose the correct answers, and then listen again and repeat.

1. A. 觉得骑自行车去比较好
   B. 觉得坐出租车去比较好
   C. 觉得骑自行车去和坐出租车去都不太好
   D. 觉得骑自行车去和坐出租车去都很好

2. A. 韩国菜
   B. 日本菜
   C. 不吃日本菜，也不吃韩国菜
   D. 先吃韩国菜，以后再去吃日本菜

3. A. 样子很好看，可是味道不好
   B. 样子不好看，可是味道很好
   C. 样子很好看，味道也很好
   D. 样子不好看，味道也不好

4. A. 称赞别人画的画儿
   B. 批评别人画的画儿
   C. 称赞别人做的菜
   D. 批评别人做的菜

5. A. 说话人什么都喜欢吃
   B. 说话人什么都不喜欢吃
   C. 说话人喜欢吃酸的
   D. 说话人不喜欢吃酸的

6. A. 说话人觉得速冻饺子不好吃
   B. 说话人觉得自己包的饺子很好吃
   C. 说话人觉得速冻饺子很方便
   D. 说话人觉得买速冻饺子也很麻烦

四、听课文做练习 Exercises based on the texts

课文一 Text 1 7'10"

听后选择正确答案。Listen and choose the correct answers.

1. A. 在男的家　　　　　　B. 在女的家
   C. 在饭馆　　　　　　　D. 从课文中不可能知道

2. A. 男的付钱　　　　　　B. 女的付钱
   C. 男的和女的各付一半　D. 从课文中不可能知道

饮 食
Food and Drink 2

③ A. 因为是男的请客 B. 因为是女的请客
C. 因为女的没在这个饭馆吃过饭 D. 因为男的要自己点菜

④ A. 特别喜欢吃辣的 B. 特别不喜欢吃辣的
C. 不喜欢吃特别辣的 D. 前面三种说法都不对

⑤ A. 铁板牛肉 B. 麻婆豆腐 C. 香菇菜心 D. 清炒西蓝花

⑥ A. 一种饮料的名字 B. 一种啤酒的牌子
C. 一种菜的名字 D. 一种汤的名字

⑦ A. 四个 B. 五个 C. 六个 D. 七个

课文二 Text 2 11'9"

1. 听后判断对错。 Listen and decide whether the statements are true or false.

(1) 男的和女的每天为吃饭的事发愁。 ( )
(2) 男的希望找到一个又便宜又好吃的饭馆。 ( )
(3) 女的认为食堂的饭又便宜又好吃。 ( )
(4) 男的认为饭馆的饭又便宜又好吃。 ( )
(5) 女的给男的介绍了一个又便宜又好吃的饭馆。 ( )
(6) 宿舍楼里有一个饭馆。 ( )
(7) 宿舍楼里有一个公用厨房。 ( )
(8) 女的常常自己做饭吃。 ( )
(9) 男的会做饭,而且做得很好吃,可是他不愿意自己做饭。 ( )
(10) 明天男的请女的去饭馆吃饭。 ( )
(11) 明天女的做饭请男的来吃。 ( )
(12) 以后男的和女的可能常常一起做饭吃。 ( )

2. 连线。 Listen and match the two columns.

- 去食堂吃
- 去饭馆吃
- 自己做饭吃

- 味道不太好
- 价格很贵
- 味道很好
- 又好吃又便宜
- 味道不错

3. 填空。 Fill in the blanks.

去食堂吃吧，虽然_____，可是_____；
去饭馆吃吧，_____，可是_____。
要是有个_____的地方就好了。

课文三 Text 3

1. 听后选择正确答案。 Listen and choose the correct answers.

① A. 夫妻　　B. 同学　　C. 同事　　D. 师生

② A. 他的拿手菜是西红柿炒鸡蛋
　 B. 男的只会做西红柿炒鸡蛋
　 C. 他做的西红柿炒鸡蛋色、香、味俱佳
　 D. 他请女的在家里吃过饭

③ A. 她的拿手菜是西红柿炒鸡蛋
　 B. 她想学做西红柿炒鸡蛋
　 C. 她请老师的爱人教她做西红柿炒鸡蛋
　 D. 她明天要请老师尝尝她做的西红柿炒鸡蛋

④ A. 20 分钟左右　　　　B. 不到 15 分钟
　 C. 整整一刻钟　　　　D. 半个小时左右

饮食
Food and Drink
2

⑤ 味精　醋　油　盐　葱　糖　酱油

2. 按照做菜的顺序标上数字。

Number the following phrases according to the procedures of cooking.

（　）炒鸡蛋

（　）把西红柿切成块儿

（　）把鸡蛋盛出来

（　）把鸡蛋放进锅里去

（　）炒西红柿

（　）放一点儿盐和味精

（　）把鸡蛋打在碗里

课文四　Text 4　16'17"

听后选择正确答案。 Listen and choose the correct answers.

① A. 有事　　　　B. 没有空儿　　　C. 有一点儿小事　　　D. 有空儿

② A. 玛丽请约翰吃饺子　　　　　　B. 约翰请玛丽吃饺子
　 C. 约翰和玛丽请王老师吃饺子　　D. 王老师请约翰和玛丽吃饺子

③ A. 从来没吃过饺子　　　　　　　B. 吃过速冻饺子
　 C. 没吃过速冻饺子　　　　　　　D. 吃过中国人家里包的饺子

④ A. 来中国已经三个月了　　　　　B. 吃过速冻饺子
　 C. 去中国人家里做过客　　　　　D. 没吃过饺子

⑤ A. 比中国人家里包的饺子好吃
　 B. 跟中国人家里包的饺子一样好吃
　 C. 不如中国人家里包的饺子好吃
　 D. 一点儿也不好吃

6. A. 王老师已经决定了，是星期六晚上七点
   B. 还没最后决定，要再打电话约定
   C. 约翰建议星期六晚上七点见面
   D. 约翰同意星期六晚上七点见面

7. A. 一束鲜花　　　　　　　B. 每人带一束鲜花
   C. 不带礼物　　　　　　　D. 玛丽带一束鲜花，约翰还没决定

第三课

购 物
Going Shopping

一、生词 New Words 5"

1.	早市	zǎoshì	（名）	morning market
2.	运	yùn	（动）	transport
3.	秤	chèng	（名）	balance, scales, a tool to weigh things
4.	高档	gāodàng	（形）	of top grade or quality
5.	花	huā	（形）	multicolored; variegated
6.	光	guāng	（副）	only
7.	美食城	měishíchéng	（名）	food court
8.	美发厅	měifàtīng	（名）	hair saloon
9.	规模	guīmó	（名）	scale
10.	滑冰场	huábīngchǎng	（名）	skating rink
11.	工薪族	gōngxīnzú	（名）	wage or salary earners
12.	空间	kōngjiān	（名）	space
13.	嘈杂	cáozá	（形）	noisy
14.	播	bō	（动）	broadcast
15.	轻柔	qīngróu	（形）	soft; gentle
16.	背景	bèijǐng	（名）	background
17.	购买力	gòumǎilì	（名）	purchasing power
18.	设计	shèjì	（动）	design
19.	吸引	xīyǐn	（动）	attract
20.	专场	zhuānchǎng	（名）	special performance; show intended for a special audience
21.	宴请	yànqǐng	（动）	entertain at a banquet; fete

22.	出境	chūjìng	（动）	leave the country
23.	消费	xiāofèi	（动）	consume
24.	超过	chāoguò	（动）	surpass; exceed
25.	入境	rùjìng	（动）	enter a country
26.	创汇	chuànghuì	（动）	earn foreign exchange
27.	奢侈品	shēchǐpǐn	（名）	luxury goods; luxuries
28.	缩水	suō//shuǐ	（动）	(of cloth through wetting) shrink; reduce
29.	发票	fāpiào	（名）	invoice
30.	打折	dǎ//zhé	（动）	give discount
31.	筒	tǒng	（量）	tin; can
32.	一伙儿	yì huǒr		a group
33.	假装	jiǎzhuāng	（动）	pretend
34.	睁	zhēng	（动）	open (one's eyes)

二、格式与范句　Patterns and examples

1 光　only

有"只"的意思，限定范围。

① 光喝酒容易醉，快吃点儿菜。

② 光着急是没有用的。

③ 这个动画片不光孩子爱看，很多大人也喜欢看。

2 V+得起　afford

表示有足够的金钱可以做某事。否定结构为"V+不起"。

① 我刚工作一年，还买不起车。

② 我爷爷小时候上不起学。

③ 想吃什么就点什么，一顿饭我还是请得起的。

购物 Going Shopping 3

三、热身练习 Warm-up exercises

一 词语练习 Word exercises 1'38"

1. 朗读词语。 Read the following expressions aloud.

(1) 高档服装　　　(2) 超过 100 斤　　　(3) 播音乐
    高档电视　　　 超过 3 小时　　　 播广告

(4) 打八折　　　(5) 假装睡觉　　　(6) 睁开眼睛
    不打折　　　 假装看书　　　 睁大眼睛

2. 听句子，写出刚学过的生词。

Listen to the sentences and write down the new words.

(1)　　　　　　　　　　(2)
(3)　　　　　　　　　　(4)
(5)　　　　　　　　　　(6)
(7)　　　　　　　　　　(8)
(9)　　　　　　　　　　(10)

二 句子练习 Sentence exercises 4'58"

听第一遍后选择正确答案，听第二遍后模仿。

Listen to the following sentences and choose the correct answers, and then listen again and repeat.

1. A. 这条裙子的花儿太多　　　B. 这条裙子不好看
   C. 她年纪已经大了　　　　　D. 她不喜欢穿裙子

2. A. 李明没有通过考试　　　　B. 李明没有参加考试
   C. 李明有特殊的关系　　　　D. 李明很有能力

3. A. 下午有两场儿童电影
   B. 下午的两场电影是儿童有组织地观看

19

C. 电影票已经卖完了　　　　D. 电影票只卖给儿童

4. A. 他买一斤东西　　　　　B. 他买9两东西
   C. 他的秤坏了　　　　　　D. 他常常骗人

5. A. 两个人不认识　　　　　B. 两个人认识
   C. 有很多人　　　　　　　D. 两个人在一起

四、听课文做练习　Exercises based on the texts

课文一　Text 1　7'19"

听后判断对错。Listen and decide whether the statements are true or false.

(1) 早市上除了蔬菜、水果，还有很多别的东西。　　　　(　)
(2) 因为早市的菜很多，所以便宜。　　　　　　　　　　(　)
(3) 有很多农民在早市卖菜。　　　　　　　　　　　　　(　)
(4) 在早市可以讨价还价。　　　　　　　　　　　　　　(　)
(5) 在早市买东西有时候会上当。　　　　　　　　　　　(　)
(6) 去早市买东西的人自己都有秤。　　　　　　　　　　(　)

课文二　Text 2　8'23"

1. 根据对话填空。Fill in the blanks according to the dialogue.

现在的大商场跟以前相比有很大的不同，不光是＿＿＿＿＿＿，还包括＿＿＿＿＿＿、＿＿＿＿＿＿、＿＿＿＿＿＿等许多经营内容，有的规模更大的商场还有＿＿＿＿＿＿、＿＿＿＿＿＿呢！

2. 听后选择正确答案。Listen and choose the correct answers.

① A. 东西很贵　　　　　　　　B. 名牌很多
　 C. 功能更综合　　　　　　　D. 很多人去买东西

② A. 她喜欢名牌　　　　　　　B. 她喜欢吃冰激凌
　 C. 她很有钱　　　　　　　　D. 她喜欢那里的环境

③ A. 觉得名字很好听　　　　　B. 觉得不适合老百姓的消费
　 C. 觉得商场应该有更多的功能　D. 一进商场就头疼

课文三 Text 3

1. 听后判断对错。Listen and decide whether the statements are true or false.

(1) 世界各国对中国的春节也非常重视。　　　　　　　　　　(　)
(2) 2010年春节，中国的千人旅游团在美国消费了600万美元。(　)
(3) 中国游客在日本的消费达百万日元。　　　　　　　　　　(　)
(4) 欧洲名表的平均价格为1万欧元。　　　　　　　　　　　(　)
(5) 为吸引中国游客，各国推出了多种优惠活动，如打折卡、
　　送礼物等。　　　　　　　　　　　　　　　　　　　　　(　)
(6) 现在，中国人的出境消费已经超过外国人的入境消费。　　(　)

2. 回答问题。Answer the question.

中国游客在国外大量购物、大笔消费的原因是什么？

课文四　Text 4

听后判断对错。 Listen and decide whether the statements are true or false.

(1) 这件毛衣只穿了一次就破了。　　　　　　　　　　　　　（　）
(2) 商店打折是因为质量不好。　　　　　　　　　　　　　　（　）
(3) 在这个商店买东西不能换。　　　　　　　　　　　　　　（　）
(4) 商店告诉顾客，如果质量不好，一个月以内可以换。　　　（　）
(5) 商店规定打折的商品不能换。　　　　　　　　　　　　　（　）
(6) 如果经理同意换，售货员可以给顾客换。　　　　　　　　（　）

课文五　Text 5

听后选择正确答案。 Listen and choose the correct answers.

1　A. 很好　　　　　B. 很便宜　　　　C. 又好又便宜　　　D. 一般

2　A. 她最喜欢喝茶　　　　　　　B. 她认识卖茶的
　　C. 她很有钱　　　　　　　　　D. 她不会买东西

3　A. 一个孩子　　　　　　　　　B. 卖东西的人
　　C. 买东西的人　　　　　　　　D. 假装买东西的人

4　A. 应该把眼睛睁得很大　　　　B. 不能随便相信别人的话
　　C. 不能买贵的　　　　　　　　D. 不能买便宜的

第四课

寻求帮助
Asking for Help

一、生词 New Words

1.	带	dài	(名)	tyre
2.	瘪	biě	(形)	(of tyre) flat
3.	打气	dǎ//qì	(动)	inflate; pump up
4.	气门芯儿	qìménxīnr	(名)	tyre valve
5.	车胎	chētāi	(名)	tyre
6.	扎	zhā	(动)	prick
7.	淋浴	línyù	(动)	shower
8.	喷头	pēntóu	(名)	shower nozzle
9.	堵	dǔ	(动)	block
10.	打喷嚏	dǎ pēnti		sneeze
11.	水龙头	shuǐlóngtóu	(名)	tap
12.	晕机	yùn//jī	(动)	be airsick
13.	拨打	bōdǎ	(动)	dial
14.	传	chuán	(动)	pass on
15.	紧急	jǐnjí	(形)	urgent
16.	手忙脚乱	shǒu máng jiǎo luàn		be in frantic rush
17.	抢	qiǎng	(动)	grab; snatch
18.	心脏病	xīnzàngbìng	(名)	heart disease
19.	发作	fāzuò	(动)	break out; show effect
20.	救护车	jiùhùchē	(名)	ambulance
21.	事故	shìgù	(名)	accident
22.	堵塞	dǔsè	(动)	block up

23. 恢复　　huīfù　　（动）　　recover; regain

二、格式与范句　Patterns and examples

1 至少　at least
① 他今年至少 50 岁了。
② 这种牌子的自行车至少要 400 块钱。

2 来不及　there is no time; it is too late
① 明天就考试，现在复习已经来不及了。
② 已经 7 点 50 了，来不及吃早饭了。

3 只要……就……　so long as; provided
表示如果具备前面的条件，肯定会有后面的结果。
① 只要努力，就一定能学会。
② 他只要到北京，就一定会来看我。

4 千万　must; be sure to
意思相当于"一定"，常用于否定句，与"别""不"连用。
① 这事很重要，你千万别忘了。
② 你千万不能一个人去。

三、热身练习　Warm-up exercises

一　词语练习 Word exercises　▶ 1'8"

1. 朗读词语。Read the following expressions aloud.

(1) 前带　　　　(2) 抢东西　　　　(3) 拨打电话
　　后带　　　　　　抢时间　　　　　　拨打 119

(4) 传来歌声　　　　(5) 紧急事件　　　　(6) 恢复健康
　　传出声音　　　　　　紧急情况　　　　　　恢复交通

2. 听句子，写出刚学过的生词。

Listen to the sentences and write down the new words.

(1)　　　　　　　　　(2)
(3)　　　　　　　　　(4)
(5)　　　　　　　　　(6)
(7)　　　　　　　　　(8)
(9)　　　　　　　　　(10)

二　句子练习 Sentence exercises　4'17"

听第一遍后选择正确答案，听第二遍后模仿。

Listen to the following sentences and choose the correct answers, and then listen again and repeat.

1. A. 房子很大　　　　　　　　B. 买这房子要花 150 万
   C. 买这房子要 150 多万　　　D. 这房子不用 150 万就能买到

2. A. 他们晚了　　　　　　　　B. 他们应该马上出发
   C. 他们走得很快　　　　　　D. 不用着急

3. A. 我不认识他　　　　　　　B. 这件事交给他没问题
   C. 这件事他不能做　　　　　D. 这件事很难办

4. A. 他的行李很多　　　　　　B. 他的手很忙
   C. 他的行李收拾好了　　　　D. 他正忙着收拾行李

5. A. 她还不知道这件事　　　　B. 她已经知道这件事了
   C. 只有她知道这件事　　　　D. 全世界都知道这件事

四、听课文做练习　Exercises based on the texts

课文一　Text 1

听后判断对错。Listen and decide whether the statements are true or false.
(1) 现在是上课时间。　　　　　　　　　　　　　　　　　（　）
(2) 玛丽忘了给自行车打气。　　　　　　　　　　　　　　（　）
(3) 玛丽的自行车后带可能被扎破了。　　　　　　　　　　（　）
(4) 玛丽自行车的车铃也坏了。　　　　　　　　　　　　　（　）
(5) 15 分钟可以修好自行车。　　　　　　　　　　　　　　（　）
(6) 玛丽等自行车修好以后再去上课。　　　　　　　　　　（　）
(7) 玛丽上课迟到了，所以要跑步去教室。　　　　　　　　（　）
(8) 玛丽中午来取自行车。　　　　　　　　　　　　　　　（　）

课文二　Text 2

听后判断对错。Listen and decide whether the statements are true or false.
(1) 玛丽洗手间的淋浴喷头有时候有水，有时候没水。　　　（　）
(2) 洗澡的水很凉。　　　　　　　　　　　　　　　　　　（　）
(3) 玛丽洗澡以后发烧了。　　　　　　　　　　　　　　　（　）
(4) 玛丽的水龙头也坏了。　　　　　　　　　　　　　　　（　）
(5) 打开水龙头的时候有很大的声音。　　　　　　　　　　（　）
(6) 明天服务员给玛丽修理。　　　　　　　　　　　　　　（　）

课文三　Text 3

1. 听后判断对错。Listen and decide whether the statements are true or false.
   (1) 张明和陈东是大学同学。　　　　　　　　　　　　　（　）

(2) 张明不在北京工作。　　　　　　　　　　　（　）

(3) 张明的父母住在烟台。　　　　　　　　　　（　）

(4) 张明的妈妈觉得坐飞机太贵。　　　　　　　（　）

(5) 张明的父母想在北京玩儿几天。　　　　　　（　）

(6) 陈东还没见过张明的父母。　　　　　　　　（　）

2. 听问题，选择正确答案。Listen to the questions and choose the correct answers.

① A. 变老了　　　　　　　B. 没变老
　 C. 样子没有变化　　　　D. 情况没有变化

② A. 全由我来做　　　　　B. 我可以做
　 C. 我可以试试　　　　　D. 这是我的责任

③ A. 比我大三岁　　　　　B. 三年前
　 C. 大学三年级　　　　　D. 人名

课文四　Text 4

听后连线。 Listen and match the two columns.

- 天气预报
- 火警
- 匪警
- 急救
- 交通事故
- 查号台

- 110
- 114
- 119
- 120
- 12121
- 122

第五课

休闲娱乐
Leisure and Entertainment

一、生词　New Words　5"

1.	国务院	guówùyuàn	（名）	the State Council
2.	实施	shíshī	（动）	implement; carry out
3.	全体	quántǐ	（名）	all; everyone
4.	公民	gōngmín	（名）	citizen
5.	儿童节	Értóng Jié	（专名）	Children's Day
6.	建军节	Jiànjūn Jié	（专名）	Army Day
7.	军人	jūnrén	（名）	a military man
8.	大年三十	dànián sānshí(r)		Chinese New Year's Eve
9.	中央电视台	Zhōngyāng Diànshìtái	（专名）	CCTV
10.	发财	fā//cái	（动）	get rich
11.	守岁	shǒu//suì	（动）	stay up late or all night on New Year's Eve
12.	拜年	bài//nián	（动）	pay a New Year's visit; wish sb. a happy new year
13.	手机	shǒujī	（名）	mobile phone
14.	网	wǎng	（名）	(the) Internet
15.	长辈	zhǎngbèi	（名）	elder member of a family; one's senior
16.	痛快	tòngkuai	（形）	to one's great satisfaction
17.	享受	xiǎngshòu	（名、动）	enjoyment; enjoy
18.	养	yǎng	（动）	grow; raise

19.	气功	qìgōng	（名）	traditional Chinese system of therapeutic exercises involving deep breathing
20.	健身舞	jiànshēnwǔ	（名）	fitness dance
21.	扭秧歌	niǔ yāngge		a popular rural folk dance
22.	绸子	chóuzi	（名）	silk fabric
23.	可	kě	（动）	be worth （doing sth.）

二、格式与范句　Patterns and examples

1 可不是　That's just the way it is; Exactly.
表示同意对方的观点，用于口语。
A：这次考试比我想的还要难。
B：可不是。

2 ……个痛快　to one's heart's content; to one's great satisfaction
吃个痛快 to eat one's fill
玩儿个痛快 to have a wonderful time
① 好久没见面了，今天一定得喝个痛快。
② 平时妈妈不让我玩儿电子游戏，现在放假了，我可以玩儿个痛快了。

3 再……也……　even if
表示举例，用于口语。
① 明天是爷爷的生日，下班再晚也得回去。
② 自己当老板，工作再累也高兴。

4 ……啦、……啦　for example; such as
表示举例，用于口语。
① 苹果啦、草莓啦、西瓜啦，都是我喜欢的水果。
② 她去过很多国家，比如美国啦、法国啦，还有意大利。

三、热身练习　Warm-up exercises

一　词语练习 Word exercises　▶ 1'10"

1. 朗读词语。Read the following expressions aloud.

(1) 实施办法　　　(2) 全体公民　　　(3) 享受阳光
　　实施计划　　　　　全体学生　　　　　享受生活

(4) 养狗　　　　　(5) 痛快地玩儿　　(6) 练气功
　　养花　　　　　　　玩儿得痛快　　　　爱好气功

2. 听句子，写出刚学过的生词。
Listen to the sentences and write down the new words.

(1) _____　　(2) _____
(3) _____　　(4) _____
(5) _____　　(6) _____
(7) _____　　(8) _____
(9) _____　　(10) _____

二　句子练习 Sentence exercises　▶ 4'22"

听第一遍后选择正确答案，听第二遍后模仿。
Listen to the following sentences and choose the correct answers, and then listen again and repeat.

1. A. 她是北京人　　　　　　B. 她是青岛人
   C. 她在北京上学　　　　　D. 她大学还没毕业

2. A. 北京夏天不热　　　　　B. 女的可能没去过北京
   C. 男的觉得不热　　　　　D. 男的觉得女的对

3. A. 男的不想吃饭　　　　　B. 男的不想出去吃饭
   C. 男的可能会出去吃饭　　D. 男的一定会出去吃饭

30

4. A. 这个东西很贵　　　　　　　B. 这个东西是我女朋友的
   C. 我很喜欢这个东西　　　　　D. 我觉得不太贵

5. A. 你不认识他　　　　　　　　B. 他不认识你
   C. 你不应该不认识他　　　　　D. 你认识他

6. A. 他来中国学汉语　　　　　　B. 他来中国旅游
   C. 他参观过很多地方　　　　　D. 他想又学汉语又旅行

四、听课文做练习　Exercises based on the texts

课文一　Text 1

1. 听后填空。 Listen and fill in the blanks.

全体公民放假的节日有_____、_____、_____、_____、_____、_____和_____，分别放假_____天、_____天、_____天、_____天、_____天、_____天和_____天。

2. 连线。 Listen and match the three columns.

• 妇女节	• 6月1日	• 放假半天
• 青年节	• 3月8日	• 放假半天
• 儿童节	• 8月1日	• 放假半天
• 建军节	• 5月4日	• 放假1天

课文二 Text 2

1. 听后选择正确答案。 Listen and choose the correct answers.

① A. 他是东北人　　　　　　　B. 他在北京过春节
　　C. 他春节的时候结婚　　　　D. 他和父母住在一起

② A. 看春节晚会　　　　　　　B. 吃饺子
　　C. 三十晚上不睡觉　　　　　D. 拜年

③ A. 打电话　　B. 打手机　　C. 上网　　D. 拜年

④ A. 电话拜年　　B. 短信拜年　　C. 网上拜年　　D. 上门拜年

2. 谈谈你知道的中国人过春节的习俗。
Tell about the customs of the Chinese Spring Festival.

课文三 Text 3

听后选择正确答案。 Listen and choose the correct answers.

① A. 他很忙
　　B. 他喜欢打网球
　　C. 打网球的时候，他不觉得累
　　D. 他想知道女的喜不喜欢打网球

② A. 打网球　　B. 听音乐会　　C. 逛商场　　D. 跳舞

③ A. 逛商场　　B. 跳舞　　C. 唱卡拉OK　　D. 看书

④ A. 音乐会票比较贵　　　　　B. 男的很穷
　　C. 女的不喜欢她的同屋　　　D. 女的同屋腿不好

课文四　Text 4

听后判断对错。 Listen and decide whether the statements are true or false.

(1) 老年人一般起床比较早。　　　　　　　　　　　　　(　　)
(2) "票友"就是京剧迷。　　　　　　　　　　　　　　(　　)
(3) 公园里常常有很多老人在一起唱京剧。　　　　　　　(　　)
(4) 老年人一般不喜欢跳舞。　　　　　　　　　　　　　(　　)
(5) 老年人没有太多的娱乐。　　　　　　　　　　　　　(　　)
(6) 小王觉得玛丽不知道什么是扭秧歌。　　　　　　　　(　　)
(7) 扭秧歌的时候一定很热闹。　　　　　　　　　　　　(　　)

课文五　Text 5

1. 听后填空。 Listen and fill in the blanks.

旅游不但可以让我_____，还可以_____，_____。

2. 判断对错。 Decide whether the statements are true or false.

(1) 国庆节时旅游的人很多。　　　　　　　　　　　　　(　　)
(2) "我"现在挣钱不太多。　　　　　　　　　　　　　(　　)
(3) 有钱的人才能去旅游。　　　　　　　　　　　　　　(　　)
(4) 因为钱少，所以旅游的时候常常会不开心。　　　　　(　　)
(5) "我"还没去过西安。　　　　　　　　　　　　　　(　　)
(6) "我"希望以后有机会去外国旅游。　　　　　　　　(　　)

第六课

交通状况
Traffic

一、生词　New Words　5"

1.	拥有	yōngyǒu	（动）	have; possess
2.	梦想	mèngxiǎng	（名）	dream
3.	堵车	dǔ//chē	（动）	be traffic-jammed
4.	污染	wūrǎn	（动、名）	pollute; pollution
5.	环境	huánjìng	（名）	environment
6.	锻炼	duànliàn	（动）	do exercises; have physical training
7.	提倡	tíchàng	（动）	encourage; advocate
8.	赶上	gǎnshàng	（动）	meet with; run into (an opportunity)
9.	开演	kāiyǎn	（动）	(of a play, movie) begin
10.	高峰	gāofēng	（名）	peak; summit
11.	拐	guǎi	（动）	turn
12.	站	zhàn	（名）	stop; station
13.	起码	qǐmǎ	（副）	at least
14.	毫无疑问	háo wú yíwèn		out of question; without question
15.	流	liú	（名）	stream
16.	惊叹	jīngtàn	（动）	exclaim in great surprise
17.	合影	héyǐng	（名）	group photo
18.	留念	liúniàn	（动）	accept or keep as a souvenir; be taken as a memento
19.	特技	tèjì	（名）	stunt

二、格式与范句　Patterns and examples

1 不见得　not necessarily

相当于"不一定"。

A：坐车肯定比骑车快。

B：不见得吧。要是赶上堵车呢？

2 ……有……的好处　everything has its strong points

① 冬天有冬天的好处，夏天有夏天的好处。

② 很多人觉得骑自行车很辛苦，可是我觉得骑自行车有骑自行车的好处。

3 早知道……，真不如……。If I had known ... beforehand, I would ...

① 早知道公共汽车这么挤，真不如坐出租车了。

② 早知道这里这么冷，真不如不来了。

三、热身练习　Warm-up exercises

一　词语练习 Word exercises　▶ 58"

1. 朗读词语。Read the following expressions aloud.

(1) 拥有土地　　　(2) 污染环境　　　(3) 锻炼身体
　　拥有财富　　　　　空气污染　　　　　坚持锻炼

(4) 高峰时间　　　(5) 合影留念　　　(6) 特技表演
　　交通高峰　　　　　跟……合影　　　　特技演员

2. 听句子，写出刚学过的生词。

Listen to the sentences and write down the new words.

(1)　　　　　　　　　　(2)

(3)　　　　　　　　　　(4)

(5)　　　　　　　　　　(6)

(7)　　　　　　　　　　　　　　(8)
(9)　　　　　　　　　　　　　　(10)

二　句子练习 Sentence exercises　4'14"

听第一遍后选择正确答案，听第二遍后模仿。

Listen to the following sentences and choose the correct answers, and then listen again and repeat.

1. A. 汽车比自行车好　　　　　　B. 自行车比汽车好
   C. 汽车和自行车一样好　　　　D. 汽车和自行车各有各的好处

2. A. 坐公共汽车比骑自行车快
   B. 骑自行车比坐公共汽车快
   C. 坐公共汽车不一定比骑自行车快
   D. 骑自行车不一定比坐公共汽车快

3. A. 说话人是骑车来的　　　　　B. 说话人不是骑车来的
   C. 说话人打算骑车来　　　　　D. 说话人不打算骑车来

4. A. 公共汽车太挤　　　　　　　B. 出租车太贵
   C. 现在堵车　　　　　　　　　D. A 和 C 都对

5. A. 骑车去最多用一个小时　　　B. 骑车去用不了一个小时
   C. 骑车去最少用一个小时　　　C. 骑车去一个小时也到不了

四、听课文做练习　Exercises based on the texts

课文一　Text 1　6'35"

1. 听后判断对错。Listen and decide whether the statements are true or false.
   (1) 年轻人更想拥有一辆自己的汽车。　　　　　　　　　　　　　　（　　）

(2) 随着生活水平的提高，很多人拥有了自己的汽车。　　（　）

(3) 生活水平提高了，大多数中国人拥有了自己的汽车。　　（　）

(4) 虽然生活水平提高了，可是大多数中国人还是买不起汽车。（　）

(5) 很多发达国家不提倡骑自行车。　　　　　　　　　　　（　）

(6) 骑自行车有很多好处。　　　　　　　　　　　　　　　（　）

2. 填空。Fill in the blanks.

(1) 拥有_____，是很多人的梦想，特别是_____。随着_____，很多人的梦想_____。

(2) 虽然有车的人越来越多，可是_____。再说，自行车_____，比如不怕_____，不会_____，还能_____。很多发达国家不是还_____吗？

(3) 汽车虽然快，可是_____，还不如_____呢。

课文二　Text 2

听后选择正确答案。Listen and choose the correct answers.

1. A. 玛丽和朋友一起坐出租车去看电影
   B. 玛丽一个人去看电影
   C. 玛丽和朋友约好在电影院门口见面
   D. 玛丽的朋友没来

2. A. 早晨 7 点到 8 点之间　　　　B. 上午 10 点到 12 点之间
   C. 下午两点到 4 点之间　　　　D. 晚上 5 点到 7 点之间

③ A. 半个小时 B. 20分钟
C. 一个小时左右 D. 司机也说不准

④ A. 她担心要花很多车费
B. 她很喜欢那个电影，怕看不到开头
C. 她怕耽误朋友看电影
D. 她怕朋友会生气

⑤ A. 200米左右 B. 坐出租车20分钟左右
C. 走路20分钟左右 D. 骑车20分钟左右

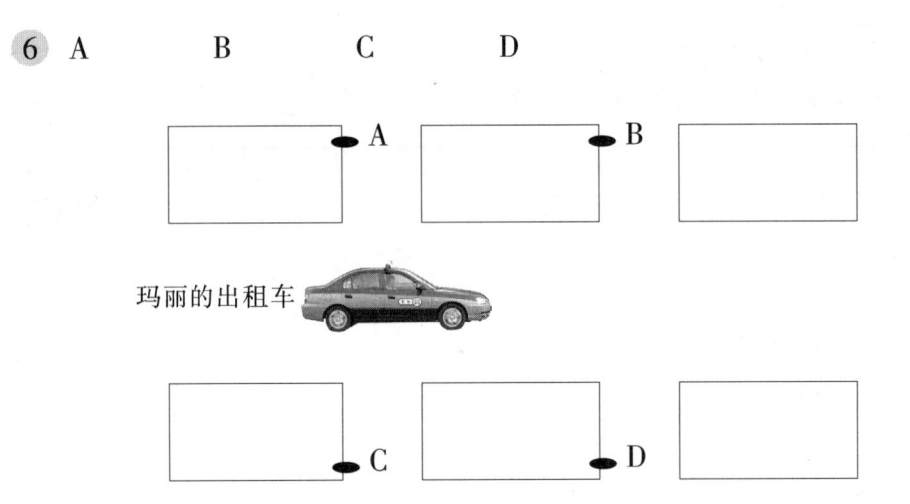

⑥ A　　　B　　　C　　　D

玛丽的出租车

课文三　Text 3　10'58"

1. 听后选择正确答案。 Listen and choose the correct answers.

① A. 先骑自行车，然后换地铁
B. 先坐公共汽车，然后换地铁
C. 先坐地铁，然后骑自行车
D. 坐出租车

② A. 先骑自行车，然后换地铁
B. 先坐公共汽车，然后换地铁

　　　　C. 坐出租车　　　　　　　　D. B 或者 C

③ A. 30 分钟　　　B. 20 分钟　　C. 45 分钟　　　D. 两个小时

④ A. 锻炼身体　　　　　　　　　B. 呼吸新鲜空气
　　C. 不怕堵车　　　　　　　　　D. 不用等车

⑤ A. 要等很长时间　　　　　　　B. 怕堵车，容易迟到
　　C. 不能锻炼身体　　　　　　　D. A 和 B 都对

2. 填空。Fill in the blanks.

小王的家_____公司_____，他每天上班要先_____，然后_____。要是赶上_____，特别是冬天_____，他就先_____，然后再_____，或者_____。他把骑自行车当成_____，而且不怕_____，不用_____，可以说是_____。

3. 回答问题。Answer the questions.

骑自行车上班有哪些好处？有哪些不方便的地方？

课文四　Text 4

1. 听后判断对错。Listen and decide whether the statements are true or false.

(1) 北京人十个有九个会骑自行车。　　　　　　　　　　　　（　）
(2) 自行车是 20 世纪初中国人发明的。　　　　　　　　　　（　）
(3) 今天大多数北京人可以不骑自行车了，因为他们都买了车。（　）
(4) 在北京骑自行车很方便，而且还有乐趣。　　　　　　　　（　）

(5) 美国前总统布什和夫人曾经在北京骑车逛街并合影留念。（   ）

(6) 骑自行车也常常担心堵车。（   ）

(7) 自行车只是北京人上下班的代步工具。（   ）

(8) 外国人要想骑车逛北京，必须自己买一辆自行车。（   ）

(9) 北京的孩子从小就自己骑自行车上幼儿园、上小学。（   ）

(10) 有的青少年用自行车做特技表演。（   ）

2. 回答问题。Answer the questions.

(1) 为什么说北京的很多孩子从小就对自行车产生了感情？

(2) 为什么说今天自行车仍是北京人离不开的交通工具？（可以结合前面的课文谈谈自己的想法。）

第七课

婚姻与家庭
Marriage and Family

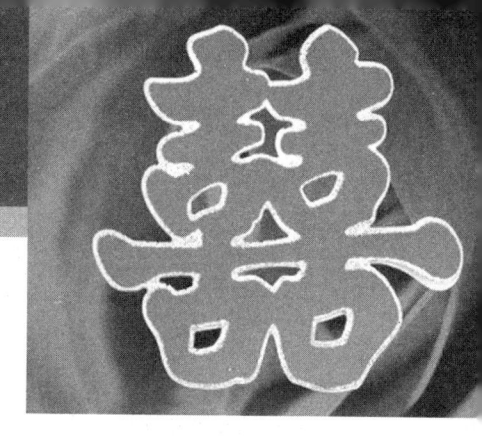

一、生词　New Words

1.	恭喜	gōngxǐ	(动)	congratulations
2.	对象	duìxiàng	(名)	boy or girl friend
3.	挑	tiāo	(动)	pick, choose, select
4.	婚纱	hūnshā	(名)	wedding veil
5.	礼服	lǐfú	(名)	full dress
6.	摄像师	shèxiàngshī	(名)	cameraman
7.	摄影师	shèyǐngshī	(名)	photographer
8.	酒席	jiǔxí	(名)	feast
9.	新人	xīnrén	(名)	bride and bridegroom
10.	支付	zhīfù	(动)	pay
11.	新郎	xīnláng	(名)	bridegroom
12.	新娘	xīnniáng	(名)	bride
13.	酷	kù	(形)	cool
14.	顶	dǐng	(动)	go against
15.	遵从	zūncóng	(动)	follow; comply with
16.	登记处	dēngjìchù	(名)	registry office
17.	结婚证	jiéhūnzhèng	(名)	marriage certificate
18.	一窍不通	yí qiào bù tōng		be utterly ignorant
19.	干脆	gāncuì	(副)	simply; just
20.	跟上	gēn shang		catch up with
21.	主动	zhǔdòng	(形)	on one's own initiative
22.	保姆	bǎomǔ	(名)	(children's) nurse; housemaid

23.	分担	fēndān	（动）	share
24.	熟悉	shúxī	（形）	familiar
25.	普遍	pǔbiàn	（形）	universal; general
26.	耐心	nàixīn	（形、名）	patient; patience
27.	电器	diànqì	（名）	electrical equipment
28.	反映	fǎnyìng	（动）	reflect; mirror
29.	离婚	lí//hūn	（动）	divorce
30.	率	lǜ	（词尾）	rate
31.	现象	xiànxiàng	（名）	phenomenon
32.	对	duì	（量）	couple
33.	再婚	zàihūn	（动）	remarry
34.	未婚	wèihūn	（动）	be unmarried
35.	丁克	dīngkè	（名）	DINK（Double Income No Kids）

二、格式与范句　Patterns and examples

1 别提了　let it go

表示不愿意再提起不愉快的往事。

① A：你接到小王了吗？

　　B：别提了，他把地点说错了。

② A：你怎么一头的汗？

　　B：别提了，电梯坏了，我是走楼梯上来的。

2 干脆　clear-cut; straightforward; just; simply

① 这么晚了，干脆别回去了，住在这儿吧。

② 放一个星期假，我们干脆去旅行吧。

3 对……熟悉　know sb. or sth. well; be familiar with

① 我来北京三年了，对北京的情况很熟悉。

② 我和他刚认识，对他还不太熟悉。

4 无论……都…… no matter what/how, etc.; regardless of

① 这辆车无论多贵，我都买。

② 无论要花一年还是两年，我们都会学下去。

三、热身练习 Warm-up exercises

一 词语练习 Word exercises ▶ 1'32"

1. 朗读词语。Read the following expressions aloud.

(1) 一套礼服　　　(2) 结婚登记　　　(3) 耐心辅导
　　结婚礼服　　　　　住宿登记　　　　　没有耐心

(4) 离婚率　　　　(5) 社会现象　　　(6) 一对夫妻
　　出勤率　　　　　　自然现象　　　　　一对花瓶

2. 听句子，写出刚学过的生词。

Listen to the sentences and write down the new words.

(1) 　　　　　　　　　　(2)
(3) 　　　　　　　　　　(4)
(5) 　　　　　　　　　　(6)
(7) 　　　　　　　　　　(8)
(9) 　　　　　　　　　　(10)

二 句子练习 Sentence exercises　▶ 4'39"

听第一遍后选择正确答案，听第二遍后模仿。
Listen to the following sentences and choose the correct answers, and then listen again and repeat.

1. A. 问他什么时候喝酒　　　B. 想和他一起喝酒
   C. 问他喜欢喝什么酒　　　D. 问他什么时候结婚

2. A. 他没有工作　　　　　　B. 不知道他喜不喜欢这个工作
   C. 他喜欢这个工作　　　　D. 他不会喜欢这个工作

3. A. 男的不想说话　　　　　B. 男的回来很晚
   C. 男的的汽车坏了　　　　D. 男的不高兴

4. A. 4号　　　B. 6号　　　C. 8号　　　D. 9号

5. A. 他会英语和法语　　　　B. 他会一点儿法语
   C. 他不会法语　　　　　　D. 他法语很好

6. A. 她要照顾老人　　　　　B. 她要照顾孩子
   C. 她要照顾老人和孩子　　D. 她把老人和孩子照顾得很好

四、听课文做练习　Exercises based on the texts

课文一　Text 1　7'27"

听后选择正确答案。Listen and choose the correct answers.

1　A. 喝酒　　　　　　　B. 给女儿介绍对象
　　C. 参加婚礼　　　　　D. 恭喜自己

2　A. 已经结婚了　　　　B. 还没有男朋友
　　C. 对男朋友要求很高　D. 很想有个男朋友

44

③ A. 着急　　B. 高兴　　C. 紧张　　D. 没关系

④ A. 工作　　B. 结婚　　C. 学习　　D. 挣钱

⑤ A. 她觉得工作很重要　　B. 她觉得结婚晚没关系
　 C. 她儿子是中学老师　　D. 她想给男的的女儿介绍对象

课文二 Text 2

1. 听后填空。 Listen and fill in the blanks.
(1) 10001 块钱的改口费意思是＿＿＿＿＿＿＿＿。
(2) 6699 块钱的改口费意思是＿＿＿＿＿＿＿＿、＿＿＿＿＿＿＿＿。

2. 选择一句话来简单概括三个婚礼。
Decide which of the following phrases best characterizes each of the three weddings.

- 故事一
- 故事二
- 故事三

- 两个人的婚礼
- 个性化的婚礼
- 传统婚礼

3. 分别叙述一下三个婚礼的情况。 Give a brief account of the three weddings.

课文三 Text 3

听后判断对错。 Listen and decide whether the statements are true or false.
(1) 王奶奶的孙子每个周末都要去学钢琴。　　(　　)
(2) 钢琴课每次一个小时。　　(　　)
(3) 王奶奶和孙子从一开始就一起学钢琴。　　(　　)
(4) 王奶奶一直很喜欢音乐。　　(　　)
(5) 王奶奶是班里最老的学生。　　(　　)

(6) 王奶奶的孙子以前不太喜欢练琴。　　　　　　　　　　　　（　　）

(7) 王奶奶的孙子喜欢教奶奶练琴。　　　　　　　　　　　　　（　　）

课文四　Text 4

1. 听后选择正确答案。 Listen and choose the correct answers.

① A. 帮孩子学习　　B. 洗衣服　　C. 做饭　　D. 打扫房间

② A. 大部分是农村人　　　　　　　B. 大部分年龄比较小
　　C. 为主人分担很多家务　　　　　D. 很有耐心

③ A. 每天工作一小时
　　B. 有时候工作时间长，有时候工作时间短
　　C. 按约好的时间来工作，时间到了就走
　　D. 每天从早上到晚上工作

④ A. 大部分是农村人　　　　　　　B. 不会用洗衣机
　　C. 做饭不好吃　　　　　　　　　D. 在大城市已经很流行

2. 请分别介绍一下小保姆和钟点工这两种服务方式。
Give a description of the work of the maid and hourly employee.

课文五　Text 5

听后判断对错。 Listen and decide whether the statements are true or false.

(1) 朋友见面问"离了吗？"，是因为知道对方要离婚。　　　（　　）

(2) 现在离婚的人比以前多。　　　　　　　　　　　　　　　（　　）

(3) 90年代初的离婚对数为80万对。　　　　　　　　　　　　（　　）

(4) 2005年的离婚对数超过了170万对。　　　　　　　　　　 （　　）

(5) 再婚人数越来越少。　　　　　　　　　　　　　　　　　（　　）

(6) 不结婚的人数、不要孩子的家庭越来越多。　　　　　　　（　　）

第八课

体育运动
Sports

一、生词 New Words

1.	洛杉矶	Luòshānjī	（专名）	Los Angeles
2.	届	jiè	（量）	session, *a measure word* (used for meetings or graduating classes, etc.)
3.	决赛	juésài	（名）	final
4.	点球	diǎnqiú	（名）	a penalty kick
5.	失利	shīlì	（动）	suffer a defeat
6.	依然	yīrán	（副）	still
7.	射	shè	（动）	shoot
8.	扑出	pūchū	（动）	keep out (goals)
9.	巴西	Bāxī	（专名）	Brazil
10.	击败	jībài	（动）	defeat
11.	挪威	Nuówēi	（专名）	Norway
12.	职业	zhíyè	（形、名）	professional; profession
13.	没劲	méijìn	（形）	boring
14.	灵巧	língqiǎo	（形）	nimble; deft
15.	肯	kěn	（动）	be willing to
16.	动脑子	dòng nǎozi		use one's head
17.	英雄所见略同	yīngxióng suǒ jiàn lüè tóng		Great minds think alike.
18.	圈	quān	（名）	circle
19.	放松	fàngsōng	（动）	relax
20.	脾气	píqi	（名）	temper
21.	假如	jiǎrú	（连）	if

22.	合群	héqún	（形）	get on well with others
23.	胆小	dǎnxiǎo	（形）	timid; cowardly
24.	犹豫不决	yóuyù bù jué		hesitate
25.	果断	guǒduàn	（形）	decisive; resolute
26.	急躁	jízào	（形）	impatient
27.	冲动	chōngdòng	（形）	impulsive

二、格式与范句　Patterns and examples

1 A 以……失利　A lost（the game）+（score）

　　A 与 B 以……踢平：A tied the game with B +（score）

　　A 以……击败 B：A defeated B +（score）

　　① 昨晚的比赛北京队以 91：92 失利。

　　② 90 分钟比赛后，中国队与美国队以 0：0 踢平。

　　③ 在刚刚结束的半决赛中，大连队以 3：2 击败上海队。

2 对……着迷　be crazy about

　　① 小王对香港功夫片很着迷。

　　② 别看我爷爷已经七十多岁了，可他对足球比赛特别着迷。

3 ……真不简单　great; amazing

　　① 他才 4 岁就能认这么多汉字，真不简单！

　　② 这么难的问题都能回答，真不简单！

4 ……对……有影响　have influence on; affect

　　① 父母的爱好、习惯对孩子会有很大影响。

　　② 听说这种药有副作用，会对视力有影响。

三、热身练习　Warm-up exercises

一　词语练习 Word exercises　▶ 1'15"

1. 朗读词语。Read the following expressions aloud.

(1) 职业棒球　　　　(2) 肯动脑子　　　　(3) 放松身体
　　职业运动员　　　　 不肯努力　　　　　 放松一下

(4) 坏脾气　　　　　(5) 转一圈　　　　　(6) 依然年轻
　　脾气急躁　　　　　 跑一圈　　　　　　 依然美丽

2. 听句子，写出刚学过的生词。

Listen to the sentences and write down the new words.

(1)　　　　　　　　　　(2)
(3)　　　　　　　　　　(4)
(5)　　　　　　　　　　(6)
(7)　　　　　　　　　　(8)
(9)　　　　　　　　　　(10)

二　句子练习 Sentence exercises　▶ 4'32"

听第一遍后选择正确答案，听第二遍后模仿。

Listen to the following sentences and choose the correct answers, and then listen again and repeat.

1. A. 广东队赢了今天的比赛　　　B. 上海队赢了今天的比赛
　 C. 广东队可能会赢　　　　　　D. 上海队可能会赢

2. A. 他四五岁的时候开始玩儿网络游戏
　 B. 他现在老了，不喜欢玩儿网络游戏了
　 C. 他已经不年轻了，还喜欢玩儿网络游戏
　 D. 40岁以后不应该玩儿网络游戏

3. A. 他不简单 B. 他说的话不简单
   C. 他说的话很容易听懂 D. 他说得太快，不容易听懂

4. A. 两个人的想法一样 B. 男的想到这个主意后告诉了女的
   C. 两个人都是英雄 D. 两个人一起说出了这个主意

5. A. 他晚上不容易睡着 B. 他今天的比赛成绩不好
   C. 他今天的比赛成绩很好 D. 他今天的比赛成绩可能会不如平时

四、听课文做练习 Exercises based on the texts

课文一 Text 1

听后选择正确答案。 Listen and choose the correct answers.

1. A. 第一届、第二届 B. 第一届、第三届
   C. 第二届、第三届 D. 第一届、第二届、第三届

2. A. 4月4日 B. 4月10日 C. 7月4日 D. 7月10日

3. A. 第一个 B. 第二个 C. 第三个 D. 第四个

4. A. 是历史最好成绩 B. 是在世界杯赛上的最好成绩
   C. 第二次获得这个成绩 D. 第三次获得这个成绩

5. A. 电视新闻 B. 广播新闻 C. 报纸新闻 D. 网络新闻

课文二 Text 2

1. **听后判断对错。** Listen and decide whether the statements are true or false.
   (1) 在美国看棒球比赛跟过节一样热闹。 （   ）

(2) 坐在女的旁边的美国人年龄比较大。（　　）
(3) 坐在女的旁边的美国人有个儿子是棒球运动员。（　　）
(4) 男的觉得棒球比赛没意思。（　　）
(5) 男的很喜欢看足球比赛。（　　）
(6) 女的觉得棒球比足球"和平"。（　　）
(7) 日本、韩国的棒球水平都很高。（　　）

2. 根据课文填空。 Fill in the blanks according to the text.

棒球是很适合中国人的一项运动，它比较"和平"，不像足球，所以它不一定需要＿＿＿＿＿＿，只要＿＿＿＿＿＿、＿＿＿＿＿＿、＿＿＿＿＿＿就可以了。

课文三　Text 3

听后判断对错。 Listen and decide whether the statements are true or false.
(1) 两个人都对中国功夫感兴趣。（　　）
(2) 会功夫的人遇到坏人的时候可以保护自己。（　　）
(3) 男的不想学太极拳是因为太极拳太慢。（　　）
(4) 太极拳的动作比较慢，所以遇到坏人时没有用。（　　）
(5) 太极拳的动作就好像画圈，不太难。（　　）
(6) 女的觉得男的不一定能学好太极拳。（　　）
(7) 练太极拳的时候，心里不能想着别的事情。（　　）
(8) 如果你不想性格这么急躁，可以练练太极拳。（　　）
(9) "英雄所见略同"的意思是我们的想法一样，所以我们都是英雄。（　　）

课文四　Text 4　13'10"

听后连线。 Listen and match the two columns.

不同性格的人分别应该做什么运动？

- 不合群
- 胆小
- 犹豫不决
- 急躁

- 游泳
- 网球
- 篮球
- 太极拳
- 排球
- 滑冰
- 羽毛球
- 下棋
- 乒乓球

第九课

参观旅游
Visiting and Traveling

一、生词 New Words

1.	扫兴	sǎo//xìng	（动）	feel disappointed
2.	气象信息台	qìxiàng xìnxītái		weather service station
3.	提供	tígōng	（动）	provide; offer
4.	过奖	guòjiǎng	（动）	flatter
5.	限制	xiànzhì	（动）	restrict; limit
6.	操心	cāo//xīn	（动）	be concerned over; worry about
7.	软卧	ruǎnwò	（名）	soft sleeper
8.	一举两得	yì jǔ liǎng dé		kill two birds with one stone
9.	举世闻名	jǔ shì wén míng		world-famous
10.	批准	pīzhǔn	（动）	authorize; approve
11.	设立	shèlì	（动）	set up
12.	赠给	zènggěi	（动）	give as a present
13.	享有	xiǎngyǒu	（动）	enjoy (a fame, etc.)
14.	声誉	shēngyù	（名）	fame; reputation
15.	垃圾	lājī	（名）	garbage
16.	生态	shēngtài	（名）	ecology
17.	迁出	qiānchū	（动）	move (to another place) from
18.	前者	qiánzhě	（名）	former
19.	各有所长	gè yǒu suǒ cháng		each has his strong points
20.	竞争	jìngzhēng	（名、动）	competition; compete
21.	激烈	jīliè	（形）	intense; fierce; sharp

22. 美中不足　měi zhōng bù zú　a blemish in an otherwise perfect thing; a fly in the ointment

二、格式与范句　Patterns and examples

1　说的也是。You're right.
　用于口语，表示同意对方的观点。
　A：星期天去人太多了。
　B：说的也是。还是星期一下午去吧。

2　一是……，二是……　firstly ... secondly ...
　他很少出去旅行，一是因为没有时间，二是因为没有钱。

3　随着　along with; in pace with
　随着生活水平的提高，出国旅游的中国人越来越多。

4　前者……，后者……　the former ..., the latter ...
　泰山和黄山都是中国的名山，前者位于山东省，后者位于安徽省。

三、热身练习　Warm-up exercises

一　词语练习 Word exercises　▶ 1'8"

1. 朗读词语。Read the following expressions aloud.

(1) 提供帮助　　　(2) 发布消息　　　(3) 设立保护区
　　提供信息　　　　　发布信息　　　　　设立森林公园

(4) 恢复健康　　　(5) 污染环境　　　(6) 竞争很激烈
　　恢复自然　　　　　减少污染　　　　　激烈的竞争

2. 听句子，写出刚学过的生词。

Listen to the sentences and write down the new words.

(1)　　　　　　　　　　　　(2)

(3)　　　　　　　　　　　　(4)

(5)　　　　　　　　　　　　(6)

(7)　　　　　　　　　　　　(8)

(9)　　　　　　　　　　　　(10)

二　句子练习 Sentence exercises　▶ 4'38"

听第一遍后选择正确答案，听第二遍后模仿。

Listen to the following sentences and choose the correct answers, and then listen again and repeat.

1. A. 喜欢这样的天气　　　　　　B. 不喜欢这样的天气
   C. 以前没见过这样的天气　　　D. 很高兴

2. A. 受到了别人的表扬　　　　　B. 受到了别人的批评
   C. 正在表扬别人　　　　　　　D. 正在批评别人

3. A. 更喜欢坐软卧　　　　　　　B. 更喜欢坐硬卧
   C. 不坐软卧也不坐硬卧　　　　D. 还没拿定主意

4. A. 他们俩有同样的优点
   B. 他们俩有同样的缺点
   C. 他们俩每个人都有自己的优点
   D. 说话人想知道他们的优点和缺点

5. A. 很不好，因为天气不好
   B. 别的方面都很好，只有天气不太好
   C. 去的地方很美，可是天气不好
   D. 去的地方不美，天气也不好

6. A. 说话人更喜欢泰山

   B. 说话人更喜欢黄山

   C. 说话人既喜欢泰山也喜欢黄山

   D. 说话人既不喜欢泰山也不喜欢黄山

7. A. 喜欢旅游

   B. 不喜欢旅游

   C. 喜欢旅游，但是没有时间

   D. 喜欢旅游，而且每次去两个地方

四、听课文做练习　Exercises based on the texts

课文一　Text 1

听后回答问题。 Listen and answer the questions.

(1) 约翰周末有什么计划？

(2) 张家界是一个什么样的地方？

(3) 约翰为什么跟老师请假？

(4) 最近天气怎么样？

(5) 约翰担心什么？

(6) 怎样才能知道张家界的天气情况？

(7) 气象信息台可以提供哪些气象信息？

(8) "中国通"是什么意思？

课文二 Text 2

1. 听后选择正确答案。Listen and choose the correct answers.

① A. 跟朋友一起去旅行　　B. 一个人去旅行
　 C. 跟旅行团去旅行　　　D. 跟玛丽一起去旅行

② A. 旅行团太贵　　　　　B. 参加旅行团什么都得自己操心
　 C. 跟旅行团旅游不自由　D. 不知道旅行团有什么限制

③ A. 一个人去旅行　　　　B. 跟旅行团去旅行
　 C. 坐飞机去旅行　　　　D. 坐火车去旅行

④ A. 我没有主意　　　　　B. 我还没决定
　 C. 我的主意可能不太好　D. 我希望你帮我出主意

⑤ A. 买飞机票　　B. 买火车票　　C. 报名参加旅行团　　D. 不知道

2. 填空。Fill in the blanks.

玛丽建议约翰_____，而且_____。一是因为_____，二是因为_____，既可以_____，又可以_____。

课文三 Text 3

1. 听后选择正确答案。Listen and choose the correct answers.

① A. 三个多小时　　　B. 三个小时
　 C. 不到三个小时　　D. 两个小时

② A. 从北京站乘 267 次列车　　B. 从北京南站乘 267 次列车
　 C. 从北京西站乘 267 次列车　D. 从北京站乘 507 次列车

3　A. 河南省西北部　　　　　　　B. 河南省西部
　　C. 湖南省西北部　　　　　　　D. 湖南省西部

4　A. 因为张家界是中国第一个国家森林公园
　　B. 因为那里山奇、水秀，景色优美
　　C. 因为张家界的景色如诗如画
　　D. 因为那里景色优美，还有许多珍贵的动物和植物

5　A. 生活垃圾越来越多
　　B. 游客越来越多，要建更多的宾馆
　　C. 生态环境受到更大的影响
　　D. 风景区内没有居民和宾馆

2. 回答问题。 Answer the question.

张家界市为什么迁出了风景区内所有的居民和宾馆？

课文四　Text 4

1. 听后判断对错。 Listen and decide whether the statements are true or false.

(1) 团体游一定比自助游省钱。　　　　　　　　　　　　　　(　　)
(2) 如果计划得好，自助游可能更省钱。　　　　　　　　　　(　　)
(3) 如果是同样的条件，自助游肯定比团体游花钱多。　　　　(　　)
(4) 如果对交通工具、吃、住要求比较高，应该选择自助游。　(　　)
(5) 自助游一切都得自己操心，比较累。　　　　　　　　　　(　　)
(6) 团体游比自助游的好处更多。　　　　　　　　　　　　　(　　)

2. 回答问题。 Answer the questions.

(1) 分别谈谈团体游和自助游的优点和缺点。
(2) 自助游可以怎样省钱？

第十课

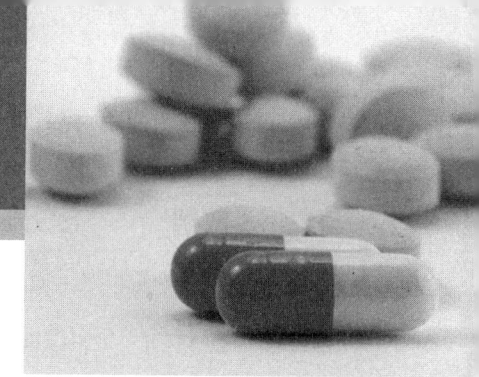

疾病与治疗
Diseases and Medication

一、生词 New Words

1.	咽	yàn	（动）	swallow
2.	失眠	shī//mián	（动）	suffer from insomnia
3.	过度	guòdù	（形）	excessive; undue
4.	外界	wàijiè	（名）	outside
5.	干扰	gānrǎo	（动）	disturb; interfere
6.	良好	liánghǎo	（形）	good
7.	睡眠	shuìmián	（名）	sleep
8.	引起	yǐnqǐ	（动）	give rise to; cause; arouse
9.	头晕	tóu yūn		dizzy
10.	耳鸣	ěr míng		one's ears are buzzing
11.	记忆力	jìyìlì	（名）	memory
12.	症状	zhèngzhuàng	（名）	symptom
13.	医学	yīxué	（名）	medical science
14.	气色	qìsè	（名）	complexion
15.	脉搏	màibó	（名）	pulse
16.	结合	jiéhé	（动）	combine
17.	植物	zhíwù	（名）	plant
18.	矿物	kuàngwù	（名）	mineral
19.	流感	liúgǎn	（名）	flu
20.	病床	bìngchuáng	（名）	hospital bed; sickbed
21.	苏格兰	Sūgélán	（专名）	Scotland
22.	缺少	quēshǎo	（动）	be short of; lack

23.	取消	qǔxiāo	(动)	cancel
24.	患者	huànzhě	(名)	patient
25.	统计	tǒngjì	(动)	statistics

二、格式与范句 Patterns and examples

1 要不然 if not so; otherwise

如果不是这样。

① 快一点儿，要不然就来不及了。

② 他以前是滑冰运动员，要不然怎么会请他当教练？

2 由……引起 be caused by

① 这场大火是由一个小烟头引起的。

② 一篇文章引起了这场辩论。

3 受……欢迎 to be popular; to be favorably accepted

① 这个菜很受欢迎。

② 陈老师讲课生动，很受学生欢迎。

4 不得不 have to; have no choice but to

① 因为没买到飞机票，我不得不坐火车。

② 妻子出差一星期，我不得不自己做饭。

三、热身练习 Warm-up exercises

一 词语练习 Word exercises   ▶ 1'11"

1. 朗读词语。 Read the following expressions aloud.

(1) 过度紧张　　(2) 成绩良好　　(3) 记忆力好
　　紧张过度　　　　条件良好　　　　记忆力差

疾病与治疗
Diseases and Medication **10**

　　(4) 缺少经验　　　　(5) 取消会议　　　　(6) 气色很差
　　　　缺少关心　　　　　　取消航班　　　　　　气色不错

2. 听句子，写出刚学过的生词。

Listen to the sentences and write down the new words.

(1)　　　　　　　　　　　(2)
(3)　　　　　　　　　　　(4)
(5)　　　　　　　　　　　(6)
(7)　　　　　　　　　　　(8)
(9)　　　　　　　　　　　(10)

二　句子练习 Sentence exercises　4'19"

听第一遍后选择正确答案，听第二遍后模仿。

Listen to the following sentences and choose the correct answers, and then listen again and repeat.

1. A. 他是老师
   B. 他们家的人都在一个学校工作
   C. 当老师是他们家的传统
   D. 他们家有 10 个人当老师

2. A. 不知道谁输谁赢
   B. 如果我年轻一点儿，可能我会赢
   C. 现在我老了
   D. 这次是我输了

3. A. 他欢迎观众
   B. 观众出去欢迎他
   C. 他看见观众很高兴
   D. 观众都很喜欢他

4. A. 他不喜欢照顾孩子
   B. 他很忙
   C. 孩子喜欢去全托幼儿园
   D. 他觉得孩子在全托幼儿园好

5. A. 头疼　　　B. 嗓子疼　　　C. 耳鸣　　　D. 发烧

四、听课文做练习　Exercises based on the texts

课文一　Text 1

听后判断对错。Listen and decide whether the statements are true or false.

(1) 男的感冒很厉害，所以吃了药。　　　　　　　　　　　　(　　)
(2) 男的觉得感冒是小病。　　　　　　　　　　　　　　　　(　　)
(3) 男的觉得治感冒，打球比吃药更好。　　　　　　　　　　(　　)
(4) 感冒的时候运动，身体会更好。　　　　　　　　　　　　(　　)
(5) 如果感冒的时候常常运动容易得心脏病。　　　　　　　　(　　)
(6) 感冒的时候洗洗澡、出点儿汗，病好得更快。　　　　　　(　　)
(7) 关于感冒，女的知道得很多，因为她是医生。　　　　　　(　　)
(8) 女的家几代人都是医生。　　　　　　　　　　　　　　　(　　)

课文二　Text 2

听后选择正确答案。Listen and choose the correct answers.

1　A. 她嗓子疼　　　　　　　　B. 药很苦
　　C. 她喜欢喝牛奶　　　　　　D. 牛奶比水好喝

疾病与治疗
Diseases and Medication   10

2 A. 她身体很好　　　　　　　　B. 她常常生病
   C. 她知道不能用牛奶吃药　　　D 她觉得用牛奶吃药没关系

3 A. 他是医生　　　　　　　　　B. 他吃药的时候不喝牛奶
   C. 他觉得女的病得很重　　　　D. 他不喜欢喝牛奶

4 A. 茶　　　　B. 纯净水　　　　C. 酒　　　　D. 可乐

课文三　Text 3

听后填空。 Listen and fill in the blanks.

(1) 失眠一般是因为_____、_____和_____。

(2) 失眠的症状有：上床后_____，或者虽然_____，_____，但_____，_____；有的表现为_____。

(3) 失眠常常会引起_____、_____、_____等症状。

课文四　Text 4

听后填空。 Listen and fill in the blanks.

(1) "望"就是_____，"闻"就是_____，"问"就是_____，"切"就是_____。然后再结合_____，给病人开出药方。

(2) 中药是用_____、_____和_____做成的，其中_____最多。

课文五　Text 5　11'40"

1. 听后判断对错。 Listen and decide whether the statements are true or false.

(1) 受这次流感影响的国家有美国、加拿大和英国。　　　　(　)

(2) 这次患流感的人大约有 10300 人。　　　　　　　　　　(　)

(3) 很多人得了流感也不去医院。　　　　　　　　　　　　(　)

(4) 因为很多医生也病了，苏格兰医院取消了很多手术。　　(　)

(5) 政府的统计不准确是因为怕人们担心。　　　　　　　　(　)

2. 请介绍一下这次流感的严重情况。
Please introduce the severe situation of the recent flu.

第十一课

职业与工作
Occupation

一、生词　New Words

1.	面试	miànshì	（动）	interview
2.	人选	rénxuǎn	（名）	candidate
3.	求职	qiúzhí	（动）	apply for a job
4.	职位	zhíwèi	（名）	position; post
5.	事先	shìxiān	（副）	in advance; beforehand
6.	主考官	zhǔkǎoguān	（名）	chief examiner
7.	简历	jiǎnlì	（名）	resume
8.	以便	yǐbiàn	（连）	so that; in order to
9.	信息	xìnxī	（名）	information
10.	姿势	zīshì	（名）	gesture; posture
11.	显得	xiǎnde	（动）	look; seem; appear
12.	打断	dǎduàn	（动）	interrupt
13.	招聘	zhāopìn	（动）	invite application for a job
14.	自信	zìxìn	（动）	confidence
15.	经营	jīngyíng	（动）	manage; run
16.	业务	yèwù	（名）	business
17.	因特网	yīntèwǎng	（名）	(the) Internet
18.	主页	zhǔyè	（名）	homepage
19.	提醒	tí//xǐng	（动）	remind
20.	优点	yōudiǎn	（名）	merit
21.	缺点	quēdiǎn	（名）	shortcoming

22.	签	qiān	（动）	sign
23.	合同	hétong	（名）	contract
24.	后悔	hòuhuǐ	（动）	regret
25.	冒险	mào//xiǎn	（动）	take a risk
26.	对口	duìkǒu	（形）	fit in with one's training or speciality
27.	待遇	dàiyù	（名）	remuneration
28.	硕士	shuòshì	（名）	master (an academic degree)
29.	博士	bóshì	（名）	doctor (an academic degree)
30.	赌	dǔ	（动）	bet; gamble
31.	人才	réncái	（名）	a talented person; qualified personnel
32.	研究生	yánjiūshēng	（名）	postgraduate (student)
33.	公关	gōngguān	（名）	public relations
34.	熟练	shúliàn	（形）	skilled; proficient
35.	策划	cèhuà	（动）	plan
36.	大型	dàxíng	（形）	large-scale
37.	部门	bùmén	（名）	department; branch

二、格式与范句　Patterns and examples

1 ……目的是为了……　for the purpose of; with the aim of
① 我学汉语的目的是为了将来在中国办公司。
② 小王每天跑步的目的是为了减肥。

2 以便　so that; so as to; in order to
① 请把你的电话号码告诉我，以便有事通知你。
② 我想跟中国人住在一起，以便有更多的机会练习口语。

3 引起……的注意　to draw one's attention; to attract one's attention
① 这个孩子从来不和别的同学一起玩儿，引起了老师的注意。
② 她个子又高，人又漂亮，一出场就引起了观众的注意。

4 万一　just in case
　① 万一下雨，还去不去？
　② 万一找不到旅馆，你可以去找小王。

三、热身练习 Warm-up exercises

一　词语练习 Word exercises　1'35"

1. 朗读词语。Read the following expressions aloud.

(1) 理想的人选　　(2) 招聘教师　　(3) 喜欢冒险
　　合适的人选　　　　招聘会　　　　　冒险运动

(4) 赌钱　　　　(5) 高级人才　　(6) 大型体育场
　　赌牌　　　　　　专门人才　　　　大型展览会

2. 听句子，写出刚学过的生词。

Listen to the sentences and write down the new words.

(1)　　　　　　　　(2)
(3)　　　　　　　　(4)
(5)　　　　　　　　(6)
(7)　　　　　　　　(8)
(9)　　　　　　　　(10)

二　句子练习 Sentence exercises　4'58"

听第一遍后选择正确答案，听第二遍后模仿。
Listen to the following sentences and choose the correct answers, and then listen again and repeat.

1.　A. 他已经知道这件事了
　　　B. 他刚知道这件事

C. 他觉得这件事很重要

D. 他觉得这件事很重要,应该早告诉他

2. A. 他很年轻　　　　　　　　B. 他不年轻
   C. 这件衣服很漂亮　　　　　　D. 这件衣服颜色很好

3. A. 这个比赛很重要　　　　　　B. 他很紧张
   C. 为什么紧张　　　　　　　　D. 不需要这么紧张

4. A. 这个介绍只有一份
   B. 这个介绍是中文的
   C. 这个介绍是英文的
   D. 这个介绍有中文的,也有英文的

5. A. 打排球　　B. 打太极拳　　C. 高山滑雪　　D. 打乒乓球

四、听课文做练习　Exercises based on the texts

课文一　Text 1　7'11"

1. 听后填空。Listen and fill in the blanks.

   面试的目的是为了_____,为了
   _____。

2. 回答问题。Answer the questions.

   (1) 面试之前,求职者应该做哪些准备?
   (2) 面试的时候,求职者应该注意什么?
   (3) 面试结束时,求职者应该怎么做?

课文二 Text 2

听后选择正确答案。 Listen and choose the correct answers.

1. A. 在中国找工作　　　　B. 写简历
   C. 玩儿电脑　　　　　　D. 学习汉语

2. A. 很自信　　　　　　　B. 很高兴
   C. 有点儿紧张　　　　　D. 不知道怎么办

3. A. 写汉语简历　　　　　B. 写英语简历
   C. 多复印几份简历　　　D. 了解公司的情况

4. A. 打电话问公司　　　　B. 给公司写信，要这方面的材料
   C. 问问公司的职员　　　D. 多看报纸、电视

5. A. 自己有很多缺点　　　B. 还没有准备好
   C. 汉语水平不够高　　　D. 别人听不懂他的话

6. A. 应该再学习十年汉语　B. 想再和王老师谈谈
   C. 觉得谈话很有帮助　　D. 发现了自己的很多优点

课文三 Text 3

1. 听后判断对错。 Listen and decide whether the statements are true or false.

(1) 男的去了二十多个单位面试，都没有结果。　　　　　(　)
(2) 女的觉得那个单位不理想。　　　　　　　　　　　　(　)
(3) 男的觉得女的应该签合同。　　　　　　　　　　　　(　)
(4) 他们学的专业不太容易找到工作。　　　　　　　　　(　)
(5) 两个人都是硕士毕业生。　　　　　　　　　　　　　(　)
(6) 女的有点儿后悔没签合同。　　　　　　　　　　　　(　)
(7) 女的打算继续学习。　　　　　　　　　　　　　　　(　)

2. 听后回答问题。Listen and answer the questions.

(1) 他们找工作难的主要原因是什么？

(2) 他们理想的工作单位是什么样的？

课文四　Text 4

根据课文填写下面的表格。Fill in the form according to the text.

职位	
年龄	
性格	
具体要求	

第十二课

健 康
Health Care

一、生词　New Words　5"

1.	瞎	xiā	（副）	groundlessly
2.	清新	qīngxīn	（形）	fresh
3.	科学	kēxué	（名）	science
4.	根据	gēnjù	（名）	basis; grounds
5.	吸	xī	（动）	breathe in
6.	氧气	yǎngqì	（名）	oxygen
7.	呼	hū	（动）	breathe out
8.	二氧化碳	èryǎnghuàtàn	（名）	carbon dioxide, CO_2
9.	引发	yǐnfā	（动）	give rise to; cause
10.	生物钟	shēngwùzhōng	（名）	biological clock; living clock
11.	反正	fǎnzhèng	（副）	anyway; anyhow; in any case
12.	心理	xīnlǐ	（名）	psychology
13.	定义	dìngyì	（名）	definition
14.	安宁	ānníng	（形）	peaceful; calm
15.	状态	zhuàngtài	（名）	state
16.	促进	cùjìn	（动）	promote; accelerate
17.	重视	zhòngshì	（动）	attach importance to; pay attention to
18.	情绪	qíngxù	（名）	mood; spirit
19.	心理学家	xīnlǐxuéjiā	（名）	psychologist
20.	喜悦	xǐyuè	（形）	happy; joyous
21.	悲伤	bēishāng	（形）	sad

22.	焦虑	jiāolǜ	(形)	anxious; worried
23.	紧张	jǐnzhāng	(形)	nervous
24.	憎恨	zènghèn	(动)	hate
25.	癌症	áizhèng	(名)	cancer
26.	恶心	ěxin	(形)	(feel) sick (or nauseated)
27.	控制	kòngzhì	(动)	control
28.	适度	shìdù	(形)	appropriate; moderate
29.	范围	fànwéi	(名)	scope; limit; range
30.	培养	péiyǎng	(动)	foster; train; develop
31.	自知之明	zì zhī zhī míng		wisdom of knowing oneself
32.	好胜	hàoshèng	(形)	eager to excel in everything
33.	逞能	chěng//néng	(动)	play the hero; show off one's ability
34.	力不从心	lì bù cóng xīn		unable to do as much as one would like to
35.	过于	guòyú	(副)	too; unduly; excessively
36.	计较	jìjiào	(动)	haggle over; fuss about
37.	得失	déshī	(名)	gain and loss
38.	鸡毛蒜皮	jī máo suàn pí		trivialities; trifles
39.	发火	fā//huǒ(r)	(动)	get angry; lose one's temper
40.	力所能及	lì suǒ néng jí		in one's power
41.	和睦	hémù	(形)	harmonious; amicable

健康
Health Care 12

二、格式与范句 Patterns and examples

1 ……着呢 very; extremely

Adj+着呢，表示程度高，用于口语。

① 一到周末、节假日，公园里的人多着呢。

② 那地方远着呢，骑车去可来不及。

2 不仅……还（而且）…… not only ... but also ...

① 音乐不仅好听，还能帮助治病。

② 他不仅自己不去，还劝我们也不要去。

3 反正 anyway; anyhow; in any case

① 不管你怎么说，反正他不答应。

② 你别着急，反正不是什么要紧的大事。

4 把……分为 divide into; separate into

① 旅行社把我们50个人分为三组。

② 心理学家把人的性格分为内向型和外向型两大类型。

5 力不从心 lack the ability to do what one would like to do

力所能及 as one's capacity allows

① 以前我游100米没问题，现在老了，有些力不从心了。

② 应该让孩子做一些力所能及的家务。

三、热身练习 Warm-up exercises

一 词语练习 Word exercises ▶ 1'47"

1. 朗读词语。 Read the following expressions aloud.

(1) 空气清新　　　(2) 科学家　　　(3) 情绪不好
　　清新的空气　　　　科学院　　　　情绪不高

(4) 控制体重　　　　　(5) 适度运动　　　　　(6) 家庭和睦
　　得到控制　　　　　　　化妆适度　　　　　　　关系和睦

2. 听句子，写出刚学过的生词。

Listen to the sentences and write down the new words.

(1)　　　　　　　　　　(2)
(3)　　　　　　　　　　(4)
(5)　　　　　　　　　　(6)
(7)　　　　　　　　　　(8)
(9)　　　　　　　　　　(10)

二　句子练习 Sentence exercises　5'13"

听第一遍后选择正确答案，听第二遍后模仿。

Listen to the following sentences and choose the correct answers, and then listen again and repeat.

1. A. 他一定帮忙　　　　　　　B. 如果有急事，可以找他帮忙
   C. 有的事他可以帮忙　　　　D. 他不太愿意帮忙

2. A. 小王是个好人　　　　　　B. 小王很有能力
   C. 小王喜欢表现自己　　　　D. 不知道小王什么地方好

3. A. 高兴　　　B. 不满　　　C. 称赞　　　D. 不好意思

4. A. 每天很忙，很累　　　　　B. 每天很晚才能休息
   C. 每天要买很多东西　　　　D. 做的都是些没意思的小事

5. A. 他没有烦恼　　　　　　　B. 他了解自己，不给自己压力
   C. 不能做的事他也努力尝试　D. 他事业很成功

健 康
Health Care 12

四、听课文做练习 Exercises based on the texts

课文一 Text 1 7'34"

1. 听后判断对错。Listen and decide whether the statements are true or false.

（1）女的身体不好，常常生病。　　　　　　　　　　　　　（　）
（2）男的每天早上叫上女的一起锻炼。　　　　　　　　　　（　）
（3）报纸上说早上锻炼不好。　　　　　　　　　　　　　　（　）
（4）很多人早上锻炼，因为早上空气好。　　　　　　　　　（　）
（5）春天的时候，早上六点空气污染最厉害。　　　　　　　（　）
（6）冬天早上锻炼容易生病。　　　　　　　　　　　　　　（　）
（7）下午四五点钟空气清新，最适合运动。　　　　　　　　（　）

2. 回答问题。Answer the question.

为什么说早上锻炼不科学？

课文二 Text 2 8'59"

1. 听后填空。Listen and fill in the blanks.

人的情绪分为两大类：一类是愉快的情绪，如_____、_____
_____等；另一类是不愉快的情绪，如_____、_____、
_____、_____等。

2. 听后判断对错。

Listen and decide whether the statements are true or false.

（1）健康就是指身体健康。　　　　　　　　　　　　　　　（　）
（2）要想长寿，最重要的就是每天锻炼身体。　　　　　　　（　）

(3) 情绪锻炼可以使人精神健康。 （　）

(4) 疾病和人的情绪有很大关系。 （　）

(5) 不愉快的事情应该赶快忘掉。 （　）

3. 回答问题。Answer the question.

为什么说情绪锻炼比身体锻炼更重要？

课文三　Text 3　10'48"

听后回答问题。Listen and answer the question.

举例说明生活中应怎样注意情绪锻炼。

第十三课

教育与就业
Education and Employment

一、生词　New Words

1.	前夕	qiánxī	（名）	eve
2.	差距	chājù	（名）	gap; disparity; difference
3.	一时	yìshí	（名）	a period of time
4.	职称	zhíchēng	（名）	the title of a technical or professional post
5.	予以	yǔyǐ	（动）	give; grant
6.	指数	zhǐshù	（名）	index
7.	生涯	shēngyá	（名）	career
8.	技能	jìnéng	（名）	skill
9.	素质	sùzhì	（名）	quality
10.	提升	tíshēng	（动）	promote
11.	海归	hǎiguī	（名）	returned student (one who studied overseas and returned for development)
12.	香饽饽	xiāng bōbo		a person who is liked best; favourite
13.	毕竟	bìjìng	（副）	after all; all in all
14.	世面	shìmiàn	（名）	world; life
15.	劣势	lièshì	（名）	inferior position; unfavourable situation
16.	盲目	mángmù	（形）	blind
17.	心气儿	xīnqìr	（名）	aspiration
18.	从事	cóngshì	（动）	go in for; be engaged in
19.	数据	shùjù	（名）	data
20.	转行	zhuǎn//háng	（动）	change one's profession

21.	依次	yīcì	（副）	in proper order; successively
22.	福利	fúlì	（名）	welfare
23.	双重	shuāngchóng	（形）	double; dual; twofold
24.	向往	xiàngwǎng	（动）	yearn for; look forward to
25.	弊端	bìduān	（名）	malpractice; abuse; corrupt practice
26.	封闭	fēngbì	（动）	close; seal off

二、格式与范句　Patterns and examples

1 把……放在（重要）地位　placed ... in an important position
① 在高三这一年，林林全家把保证林林的高考复习放在最重要的地位。
② 应该把教育放在优先地位。

2 不尽然　not absolutely right
不完全是这样。
① 都说名师出高徒，我看也不尽然。
② 研究生毕业就一定能有份好工作吗？其实也不尽然。

三、热身练习　Warm-up exercises

一　词语练习 Word exercises　▶ 1'12"

1. 朗读词语。 Read the following expressions aloud.

(1) 双重标准　　　(2) 春节前夕　　　(3) 差距很大
　　双重压力　　　　　毕业前夕　　　　　缩短差距

(4) 予以鼓励　　　(5) 幸福指数　　　(6) 调查数据
　　予以批评　　　　　健康指数　　　　　虚假数据

教育与就业　Education and Employment　13

2. 听句子，写出刚学过的生词。

Listen to the sentences and write down the new words.

(1)　　　　　　　　　　　　(2)

(3)　　　　　　　　　　　　(4)

(5)　　　　　　　　　　　　(6)

(7)　　　　　　　　　　　　(8)

(9)　　　　　　　　　　　　(10)

二　句子练习 Sentence exercises　▶ 4'34"

听第一遍后选择正确答案，听第二遍后模仿。

Listen to the following sentences and choose the correct answers, and then listen again and repeat.

1. A. 生气　　　B. 高兴　　　C. 无可奈何　　　D. 无所谓

2. A. 今年的毕业生很多　　　B. 工作很难找
   C. 好工作很难找　　　　　D. 为找工作，有人受伤了

3. A. 姑娘的个子太高了　　　B. 姑娘的要求太高了
   C. 姑娘不想结婚　　　　　D. 姑娘的心里太着急

4. A. 我们这儿非常需要技术工人
   B. 我们现在只需要一名技术工人
   C. 我们现在需要很多技术工人
   D. 技术工人很受欢迎，需要很多

5. A. 小王搬家了　　　　　　B. 小王以前是中学老师
   C. 小王换工作了　　　　　D. 小王还想换工作

6. A. 他的儿子大学毕业了　　B. 他的儿子找到了一个好工作
   C. 现在的年青人找工作条件不高　D. 名牌大学毕业生工作好找

四、听课文做练习 Exercises based on the texts

课文一 Text 1

听后填空。 Listen and fill in the blanks.

（1）温家宝总理强调要努力实现＿＿＿＿＿＿，＿＿＿＿＿＿可以影响人的一时，但是＿＿＿＿＿＿却可以影响人的一生。

（2）要改善＿＿＿＿＿＿，加大＿＿＿＿＿＿，逐步解决农村教师的＿＿＿＿＿＿、＿＿＿＿＿＿、＿＿＿＿＿＿等问题，还要鼓励＿＿＿＿＿＿。

（3）解放学生不是让他们光去玩儿，而是给他们留下＿＿＿＿＿＿的时间、＿＿＿＿＿＿的时间、＿＿＿＿＿＿的时间、＿＿＿＿＿＿的时间。要教育学生学会＿＿＿＿＿＿，学会＿＿＿＿＿＿，学会＿＿＿＿＿＿，学会＿＿＿＿＿＿，学会＿＿＿＿＿＿。

课文二 Text 2

听后判断对错。 Listen and decide whether the statements are true or false.

(1) 全社会都很关注学生的心理健康。　　　　　　　　　　（　）
(2) 所有的学校都很关注教师的心理健康。　　　　　　　　（　）
(3) 影响教师幸福感的首要因素是物质条件。　　　　　　　（　）
(4) 心理是否健康对教师事业发展和自身技能都会产生影响。（　）
(5) 一般来说，好学校的教师心理状态好于普通学校教师。　（　）
(6) 不同的学校，教师感觉的压力也会不同。　　　　　　　（　）
(7) 普通学校的教师在教学水平的提升方面压力较大。　　　（　）
(8) 好学校的教师在专业技能的提升方面压力较大。　　　　（　）

教育与就业
Education and Employment

课文三　Text 3

听后选择正确答案。 Listen and choose the correct answers.

1. A. 学习问题　　B. 留学问题　　C. 工作问题　　D. 婚姻问题

2. A. 很受欢迎　　　　　　　　B. 他们的专业很流行
   C. 工作条件好　　　　　　　D. 每年留学的费用很高

3. A. 有钱人才留学　　　　　　B. 留学后大部分在国外工作
   C. 留学后更容易找工作　　　D. 留学生家庭的经济压力很大

4. A. 提供的待遇更高　　　　　B. 对公司更挑剔
   C. 很多单位更喜欢要留学生　D. 工作很踏实

课文四　Text 4

听后回答问题。 Listen and answer the questions.

（1）与其他行业相比，教师这一职业的优势是什么？
（2）关于教师职位的弊端，录音中提到了几点？
（3）为什么很多人愿意转行做教师？
（4）你怎么看教师这个职业？

第十四课

谈网络
Talking about the Internet

一、生词　New Words 5"

1.	网瘾	wǎngyǐn	（名）	Internet addiction
2.	存在	cúnzài	（动）	exist
3.	下载	xiàzài	（动）	download
4.	乱七八糟	luànqībāzāo	（形）	be in an awful mess
5.	踏实	tāshi	（形）	free from anxiety; (feel) at ease
6.	视野	shìyě	（名）	field of vision
7.	自主	zìzhǔ	（形）	act on one's own
8.	独立	dúlì	（形）	independent
9.	思考	sīkǎo	（动）	think
10.	利弊	lìbì	（名）	advantages and disadvantages
11.	无线	wúxiàn	（形）	wireless
12.	气氛	qìfēn	（名）	atmosphere
13.	品尝	pǐncháng	（动）	taste
14.	邮件	yóujiàn	（名）	e-mail; mail
15.	过时	guòshí	（形）	out-of-date; outdated
16.	专门	zhuānmén	（副）	especially
17.	体积	tǐjī	（名）	volume
18.	携带	xiédài	（动）	carry
19.	随时随地	suíshí suídì		anywhere and anytime
20.	搞定	gǎodìng	（动）	make a deal
21.	防伪	fángwěi	（动）	anti-counterfeit

谈网络 Talking about the Internet 14

22.	足不出户	zú bù chū hù		stay indoors
23.	货比三家	huò bǐ sān jiā		shop around to get a good buy
24.	快递	kuàidì	(名)	express delivery
25.	送货上门	sòng huò shàng mén		home-delivery service
26.	信用	xìnyòng	(名)	credit
27.	不下	búxià	(动)	no less than
28.	偶然	ǒurán	(形)	occasional
29.	一见钟情	yí jiàn zhōngqíng		fall in love at first sight
30.	网恋	wǎngliàn	(动)	online love
31.	投机	tóujī	(形)	congenial
32.	网络	wǎngluò	(名)	(the) Internet
33.	痴迷	chīmí	(形)	crazy; obsessed
34.	难以自拔	nányǐ zìbá		hard to extricate oneself (from sth.)
35.	双刃剑	shuāngrènjiàn	(名)	double-edged sword
36.	忽略	hūlüè	(动)	ignore; neglect
37.	如何	rúhé	(代)	how

二、格式与范句 Patterns and examples

1 特别是 especially, particularly

① 我非常喜欢看体育比赛，特别是足球。

② 网瘾，特别是青少年的网瘾问题，引起越来越多人的关注。

2 关键是 the key is

① 学好汉语，关键是要多听多说。

② 预防青少年网络成瘾症，关键是要养成良好的上网习惯。

3 随时随地　anywhere and anytime

在任何时间、任何地点。

① 有了无线网络，我们可以随时随地上网获取信息。

② 手机让人们可以随时随地保持联系。

4 通过　by means of

① 选好商品后，可以通过网上银行付款。

② 他们俩是通过网上聊天儿认识的。

5 以至于　so...that

① 长时间上网容易形成网瘾，以至于难以自拔。

② 他被这本小说深深地吸引了，以至于忘了吃饭和睡觉。

三、热身练习　Warm-up exercises

一　词语练习　Word exercises　▶ 1'40"

1. 朗读词语。 Read the following expressions aloud.

(1) 下载资料　　　(2) 培养能力　　　(3) 无线网络
　　下载电影　　　　　培养习惯　　　　　无线通信

(4) 开阔视野　　　(5) 独立思考　　　(6) 痴迷网络
　　打开视野　　　　　独立生活　　　　　痴迷游戏

2. 听句子，写出刚学过的生词。

Listen to the sentences and write down the new words.

(1) _____　(2) _____

(3) _____　(4) _____

(5) _____　(6) _____

(7) _____　(8) _____

(9) _____　(10) _____

谈网络
Talking about the Internet   14

二 句子练习 Sentence exercises ▶ 4'58"

听第一遍后选择正确答案，听第二遍后模仿。
Listen to the following sentences and choose the correct answers, and then listen again and repeat.

1. A. 没有好处，也没有坏处   B. 有好处也有坏处
   C. 好处比坏处多   D. 好处和坏处一样多

2. A. 说话人喜欢逛商场买东西   B. 说话人喜欢网上购物
   C. 说话人很少买东西   D. 以上说法都不正确

3. A. 他们俩结婚了   B. 他们俩一见钟情
   C. 他们俩是朋友介绍认识的   D. 他们俩从网友发展成了恋人

4. A. 这种情况有，但是很少   B. 这种情况很常见
   C. 根本不存在这种情况   D. 说话人没见过这种情况

5. A. 只有坏处，没有好处的东西 B. 有好处，也有坏处的东西
   C. 只有好处，没有坏处的东西 D. 好处大于坏处的东西

四、听课文做练习 Exercises based on the texts

课文一 Text 1 7'18"

1. 听后判断对错。Listen and decide whether the statements are true or false.
   (1) 这位家长的孩子最近经常上网，所以学习成绩下降了。（　）
   (2) 这位家长的孩子有非常严重的网瘾问题。（　）
   (3) 这位家长担心自己的孩子总是上网会形成网瘾。（　）
   (4) 王老师觉得家长的担心没有道理。（　）

85

(5) 王老师认为上网有很多好处，比如可以开阔视野，增长知识。　　（　　）

(6) 王老师觉得学生利用网络肯定利大于弊。　　　　　　　　　　（　　）

2. 听后填空。 Listen and fill in the blanks.

(1) 您的担心 ＿＿＿＿＿＿，＿＿＿＿＿＿这样的问题。不过，只要＿＿＿＿＿＿，＿＿＿＿＿＿，一般不会有问题。

(2) 孩子告诉我上网主要是＿＿＿＿＿，＿＿＿＿＿。不过网上＿＿＿＿＿，总让人＿＿＿＿＿。

(3) 上网还是有很多好处的，可以＿＿＿＿＿＿，＿＿＿＿＿＿；网上有很多＿＿＿＿＿，可以培养孩子＿＿＿＿＿。只要我们一起努力，＿＿＿＿＿网络的利弊，培养＿＿＿＿＿＿，利用网络肯定是＿＿＿＿＿的。

课文二　Text 2

1. 听后选择正确答案。 Listen and choose the correct answers.

① A. 喝咖啡　　　　　　B. 准备报告
　 C. 和朋友见面　　　　D. 聊天儿

② A. 咖啡很便宜　　　　B. 上网免费
　 C. 环境好　　　　　　D. 气氛好

③ A. 现在的电脑体积太大　B. 现在的电脑速度慢
　 C. 现在的电脑坏了　　　D. 现在的电脑过时了

④ A. 体积小　　　　　　B. 携带方便
　 C. 重量轻　　　　　　D. 价格便宜

谈网络 Talking about the Internet　14

2. 听后填空。 Listen and fill in the blanks.

(1) 要一杯咖啡，可以_____，关键是_____，而且_____、_____都很好。

(2) _____咖啡厅常常人比较多。在那儿可以一边_____，一边_____、_____、_____，还可以_____。

(3) 现在有一种_____笔记本电脑，_____，_____，_____，可以_____上网获取信息。

课文三 Text 3

1. 听后选择正确答案。 Listen and choose the correct answers.

① A. 700　　　　　B. 500　　　　　C. 450　　　　　D. 540

② A. 是一家网上商店的名字　　　B. 卖的东西常常比一般商店便宜
　　C. 常常卖假的东西　　　　　　D. 男的常常从这里买东西

③ A. 不用出门，在家里就可以买东西
　　B. 可以比较不同商家的质量和价格
　　C. 快递公司送货上门
　　D. 可以讨价还价

④ A. 不喜欢网上购物　　　　　　B. 常常从网上购物
　　C. 想学习网上购物　　　　　　D. 在网上购物时受骗了

⑤ A. 看顾客的评价和留言　　　　B. 给店主留言询问
　　C. 问朋友　　　　　　　　　　D. 看店主的广告

2. 听后填空。 Listen and fill in the blanks.

(1) 逛街购物_____，提着东西_____，再加上_____、

_____、_____，加起来有时候_____。要是_____，还得自己去商店_____。网上购物就不一样了，你_____同样可以_____，选好商品后，可以_____付款，然后等快递公司_____就行了。如果是送朋友的礼物，还可以_____，多方便啊！

(2) 在网上可以看到店主的信用度，还可以看_____。我在网上完成的交易_____了，从来_____。

3. 听后回答问题。Listen and answer the questions.

你喜欢网上购物吗？为什么？

课文四 Text 4

1. 听后选择正确答案。Listen and choose the correct answers.

① A. 昨天举行了婚礼　　　　　　　B. 他和女朋友一见钟情
　 C. 他和女朋友是别人介绍认识的　D. 他和女朋友是在网上认识的

② A. 已经结婚了　　　　　　　　　B. 认为网上交友不安全
　 C. 很希望通过网恋找到女朋友　　D. 通过网恋认识了现在的女朋友

③ A. 大家都是好朋友　　　　　　　B. 谈得投机
　 C. 互相不了解真实身份　　　　　D. 从网友发展成了恋人

④ A. 另一个朋友　　　　　　　　　B. 别的朋友
　 C. 朋友的朋友　　　　　　　　　D. 丈夫或妻子

2. 听后填空。Listen and fill in the blanks.

(1) 他们俩是通过_____认识的，因为_____，所以就从网上聊天儿_____，从_____发展成了_____。

（2）男的觉得网上交往_____，因为大家在网上_____，谁也不了解谁的_____，就连_____都分不清楚。

3. 听后回答问题。Listen and answer the question.

谈谈你对网恋的看法。

课文五 Text 5

听后回答问题。Listen and answer the questions.

（1）什么是"网瘾"？

（2）网瘾有哪些症状？

（3）判定网瘾有哪三个标准？

（4）为什么说网络是一把"双刃剑"？

（5）青少年形成网瘾的原因有哪些？

第十五课

风俗与禁忌
Customs and Taboos

一、生词　New Words　5"

1.	传统	chuántǒng	(形)	traditional
2.	团圆	tuányuán	(动)	reunite
3.	圣诞节	Shèngdàn Jié	(专名)	Christmas
4.	佛历	Fólì	(名)	Buddhist Calendar
5.	泼水节	Pōshuǐ Jié	(专名)	Water-Sprinkling Festival
6.	盛大	shèngdà	(形)	grand; magnificent
7.	寺庙	sìmiào	(名)	temple
8.	纯洁	chúnjié	(形)	pure
9.	吉祥	jíxiáng	(形)	auspicious
10.	贺年片	hèniánpiàn	(名)	New Year's card
11.	风俗	fēngsú	(名)	custom
12.	少数民族	shǎoshù mínzú		minority ethnic group
13.	火把	huǒbǎ	(名)	torch
14.	壮观	zhuàngguān	(形)	spectacular
15.	崇拜	chóngbài	(动)	worship
16.	纪念	jìniàn	(动)	commemorate
17.	感恩	gǎn'ēn	(动)	feel grateful
18.	祝愿	zhùyuàn	(动)	wish
19.	情人节	Qíngrén Jié	(专名)	Valentine's Day
20.	促销	cùxiāo	(动)	sales promotion
21.	遗产	yíchǎn	(名)	heritage
22.	请教	qǐngjiào	(动)	ask for advice

风俗与禁忌
Costoms and Taboos 15

23.	谐音	xiéyīn	（动）	homophonic; homonymic
24.	调整	tiáozhěng	（动）	adjust; readjust
25.	法定	fǎdìng	（形）	legal
26.	网民	wǎngmín	（名）	net user; cyber citizen
27.	民俗	mínsú	（名）	folk custom
28.	标记	biāojì	（名）	sign; symbol
29.	传承	chuánchéng	（动）	inherit; carry on
30.	扫墓	sǎo//mù	（动）	sweep a grave; pay tribute to a dead person at his tomb
31.	祭祀	jìsì	（动）	offer sacrifices to gods or ancestors
32.	祖先	zǔxiān	（名）	ancestor
33.	踏青	tàqīng	（动）	go for a walk in the country in spring (when the grass has just turned green)
34.	风筝	fēngzheng	（名）	kite
35.	荡秋千	dàng qiūqiān		play on the swing

二、格式与范句　Patterns and examples

1 舍不得　hate to part with
① 那里的景色别提多美了，我都舍不得回来了。
② 学期就要结束了，我真舍不得和同学们分开。

2 跟/和/与……恰恰相反　on the contrary; just the opposite
① 与白族的习惯恰恰相反，纳西族以黑色为美。
② 他喜欢早睡早起，我的生活习惯跟他恰恰相反。

3 从……角度来讲　from the point of view of; from the angle of
① 从保护传统文化的角度来讲，这是一件好事。
② 从健康的角度来讲，这种习惯是很不好的。

91

4 对……而言　for...

① 对孩子而言，传统节日成为法定假日更有一种特殊的意义。

② 对外国人而言，中国的一些传统习俗不太容易理解。

5 按……来说　according to...

① 按阳历来说，清明节在每年的4月4日到6日之间。

② 按中医来说，你这是上火了。

三、热身练习　Warm-up exercises

一 词语练习 Word exercises　1'30"

1. 朗读词语。 Read the following expressions aloud.

(1) 传统文化　　　(2) 文化遗产　　　(3) 风俗习惯
　　传统节日　　　　　非物质文化遗产　　民族风俗

(4) 盛大节日　　　(5) 调整方案　　　(6) 祭祀祖先
　　盛大活动　　　　　调整计划　　　　　祭祀活动

2. 听句子，写出刚学过的生词。

Listen to the sentences and write down the new words.

(1)　　　　　　　　　　(2)
(3)　　　　　　　　　　(4)
(5)　　　　　　　　　　(6)
(7)　　　　　　　　　　(8)
(9)　　　　　　　　　　(10)

风俗与禁忌 Customs and Taboos 15

二 句子练习 Sentence exercises ▶ 4'52"

听第一遍后选择正确答案，听第二遍后模仿。

Listen to the following sentences and choose the correct answers, and then listen again and repeat.

1. A. 说话人不想离开北京　　　　B. 说话人想早点儿离开北京
   C. 说话人不会离开北京　　　　D. 说话人已经离开北京了

2. A. 小王性格外向　　　　　　　B. 小王性格内向
   C. 小李性格内向　　　　　　　C. 小王和小李性格都很内向

3. A. 孩子们不喜欢节日　　　　　B. 只有在节日里，孩子们才是快乐的
   C. 孩子们喜欢节日　　　　　　D. 以上答案都不正确

4. A. 早睡早起对身体不好
   B. 早睡早起不一定对健康有好处
   C. 早睡早起对健康有好处
   D. 早睡早起是好习惯，但对健康没有好处

5. A. 中国传统节日的时间都是按阴历来说的
   B. 中国传统节日的时间没有按阳历来说的
   C. 中国传统节日的时间大部分是按阴历来说的
   D. 中国传统节日的时间不是按阳历来说的

四、听课文做练习 Exercises based on the texts

课文一 Text 1 7'12"

1. 听后连线。 Listen and match the two columns.

- 中国春节
- 圣诞节
- 泰国新年
- 日本新年

- 吃团圆饭
- 互赠礼物
- 喝屠苏酒
- 泼水节
- 摆放门松
- 发红包
- 翻阅贺年片
- 清洗佛像

2. 听后填空。 Listen and fill in the blanks.

（1）春节是中国最重要的_____。李春的家乡在_____，过春节除了_____、_____、_____、_____以外，还有很多_____。

（2）_____是泰国最盛大的节日，人们去寺庙里_____，把水洒向_____，让_____的水冲走一年的_____，只留下_____、_____。

课文二 Text 2 9'46"

1. 听后选择正确答案。 Listen and choose the correct answers.

① A. 非常有意思　　　　　　B. 不太有意思
　 C. 马马虎虎　　　　　　　D. 有的地方有意思，有的地方没意思

风俗与禁忌
Costoms and Taboos   15

2 A. 看到了美丽的风景　　　　　B. 认识了很多少数民族朋友
   C. 了解了少数民族的风俗习惯　D. 对话里没有提到

3 A. 有抢婚的风俗　　B. 以白为美
   C. 过火把节　　　　D. 以黑为美

4 A. 有抢婚的风俗　　B. 以白为美
   C. 过火把节　　　　D. 以黑为美

5 A. 有抢婚的风俗　　B. 以白为美
   C. 过火把节　　　　D. 以黑为美

6 A. 有抢婚的风俗　　B. 以白为美
   C. 过火把节　　　　D. 以黑为美

7 A. 号称"东方狂欢夜"　　B. 表达对祖先的纪念
   C. 表达对未来的美好祝愿　D. 以上说法都不正确

2. 听后回答问题。Listen and answer the question.

关于中国的少数民族，你还知道些什么？

课文三　Text 3　13'55"

1. 听后判断对错。Listen and decide whether the statements are true or false.

（1）今天是一个特别的日子，买玫瑰花的人特别多。　　（　）
（2）今天是 2 月 14 日，情人节。　　　　　　　　　　（　）
（3）每年的 7 月 7 号是中国的情人节。　　　　　　　　（　）

(4) "七夕"是农历七月初七。　　　　　　　　　　　　（　　）

(5) "七夕"已经被列为世界非物质文化遗产。　　　　（　　）

(6) 中国人不过西方的情人节。　　　　　　　　　　　（　　）

(7) 庆祝中国的情人节有利于保护传统文化。　　　　　（　　）

2. 听后填空。 Listen and fill in the blanks.

今天是中国农历的_____，又叫_____，是_____的日子，有人把这一天叫做_____。"七夕"已经被列为中国_____ _____。

课文四　Text 4　15'25"

1. 听后回答问题。 Listen and answer the questions.

(1) 海伦向小王请教什么问题？

(2) 为什么不能分梨吃？

(3) 中国人为什么不喜欢"四"？

(4) 中国人为什么喜欢"八"？

(5) 为什么海伦的汉语进步这么快？

2. 听后填空。 Listen and fill in the blanks.

上个周末，海伦的中国朋友_____，朋友的妈妈_____，给她_____。海伦说："太大了，我一个人_____，咱俩_____。"朋友的妈妈说："_____。"原来，_____和_____谐音，所以中国人不喜欢分着吃梨。

风俗与禁忌
Costoms and Taboos 15

课文五　Text 5　17'3"

1. 听后判断对错。Listen and decide whether the statements are true or false.

（1）中国 2007 年的国家法定节假日方案取消了"五一"黄金周。　（　）

（2）从 2008 年开始，三个传统节日成为法定假日。　（　）

（3）赞成传统节日成为法定假日的网民超过了 70%。　（　）

（4）民俗学家认为传统节日成为法定假日只对孩子有意义。　（　）

（5）清明节是农历的四月初四到初六。　（　）

（6）清明节也叫踏青节，因为正是春游的好时候。　（　）

（7）扫墓是端午节一项重要的民俗活动。　（　）

2. 听后回答问题。Listen and answer the question.

请简单介绍一下清明节。

第十六课

自然与环境
Nature and Environment

一、生词　New Words　5"

1.	关注	guānzhù	（动）	pay attention to
2.	焦点	jiāodiǎn	（名）	focus
3.	面临	miànlín	（动）	be faced with
4.	两极	liǎngjí	（名）	the earth's poles
5.	冰川	bīngchuān	（名）	glacier
6.	融化	rónghuà	（动）	melt
7.	海平面	hǎipíngmiàn	（名）	sea level
8.	砍伐	kǎnfá	（动）	hew; cut down
9.	灾害	zāihài	（名）	disaster
10.	沙漠化	shāmòhuà	（动）	(fertile land) become desert
11.	废水	fèishuǐ	（名）	waste water
12.	污水	wūshuǐ	（名）	sewage
13.	短缺	duǎnquē	（形）	(be) short of
14.	毁灭	huǐmiè	（动）	exterminate; destroy
15.	废气	fèiqì	（名）	waste gas
16.	尾气	wěiqì	（名）	exhaust
17.	拯救	zhěngjiù	（动）	save; rescue
18.	遭受	zāoshòu	（动）	suffer
19.	烟囱	yāncōng	（名）	chimney
20.	再生	zàishēng	（动）	recycle
21.	限行	xiànxíng	（动）	limit vehicles to only taking

自然与环境
Nature and Environment 16

				some particular ways or during some particular time
22.	车牌	chēpái	（名）	plate number
23.	贡献	gòngxiàn	（名、动）	contribution; contribute
24.	措施	cuòshī	（名）	measure; step
25.	能源	néngyuán	（名）	the sources of energy
26.	创意	chuàngyì	（名）	originality
27.	灌溉	guàngài	（动）	irrigate
28.	呼吁	hūyù	（动）	appeal; call on
29.	拖延	tuōyán	（动）	delay; put off
30.	可持续	kěchíxù	（形）	sustainable
31.	防治	fángzhì	（动）	prevent and remedy
32.	节能减排	jiénéng jiǎnpái		energy-saving and emission-reduction

二、格式与范句　Patterns and examples

1 ……以来　since (a previous event)
① 大学毕业以来，我们一直没有见过面。
② 进入 21 世纪以来，人们越来越关注环境问题。

2 与……息息相关　closely interrelated to
① 天气与我们的日常生活息息相关。
② 环境污染问题与我们每个人的健康息息相关。

3 ……，再加上……　in addition
① 天气不好，再加上你又感冒了，我们就别去旅行了。
② 严重的工业污染再加上水资源短缺，使这里的环境变得越来越差。

4　从……做起　　start with

① 保护环境，要从生活中的小事做起。

② 节约能源，从我做起。

5　不瞒您说……　tell you the truth; as a matter of fact

① 不瞒您说，这篇文章确实不是我写的。

② 不瞒您说，我刚学会开车。

三、热身练习　Warm-up exercises

一　词语练习 Word exercises　▶ 1'30"

1. 朗读词语。 Read the following expressions aloud.

(1) 环境问题　　　　(2) 气候变暖　　　　(3) 沙漠化
　　保护环境　　　　　　温带气候　　　　　　美化
　　环境污染　　　　　　气候异常　　　　　　绿化

(4) 拯救地球　　　　(5) 一次性餐具　　　(6) 可持续发展
　　拯救人类　　　　　　一次性筷子　　　　　可持续利用
　　拯救自己　　　　　　一次性饭盒　　　　　可持续消费

2. 听句子，写出刚学过的生词。

Listen to the sentences and write down the new words.

(1)　　　　　　　　　　(2)
(3)　　　　　　　　　　(4)
(5)　　　　　　　　　　(6)
(7)　　　　　　　　　　(8)
(9)　　　　　　　　　　(10)

二 句子练习　Sentence exercises　▶ 5'8"

听第一遍后选择正确答案，听第二遍后模仿。

Listen to the following sentences and choose the correct answers, and then listen again and repeat.

1. A. 土地和沙漠　　　　　　　　B. 土地变成沙漠
   C. 沙漠变成草地　　　　　　　D. 沙漠变成森林

2. A. 水污染跟我们的生活没有关系
   B. 水污染和很多人的生活有关系
   C. 水污染与每个人的生活都有一点儿关系
   D. 水污染和每个人的生活都有密切关系

3. A. 自己能解决这个问题　　　　B. 小学生就可以解决这个问题
   C. 自己不能解决这个问题　　　D. 谁也解决不了这个问题

4. A. 说话人今天坐地铁上班　　　B. 说话人今天开车上班
   C. 说话人今天车坏了　　　　　D. 说话人很喜欢坐地铁上班

5. A. 第一个"世界环境日"在1974年
   B. 第一个世界环境日主题是1974年制定的
   C. 每个"世界环境日"都有一个主题
   D. "世界环境日"反映当年世界的主要环境问题

四、听课文做练习　Exercises based on the texts

课文一　Text 1　7'33"

1. 听后回答问题。Listen and answer the questions.
   (1) 这篇文章在谈论什么问题？

（2）气候变暖对地球有什么影响？

（3）森林面积为什么会减少？

（4）土地沙漠化是什么意思？

（5）为什么会出现水危机？

（6）大气污染的主要原因是什么？

2. 谈谈你对环境问题的看法。

课文二　Text 2

1. 听后判断对错。Listen and decide whether the statements are true or false.

（1）小雨梦见了自己的爷爷。　　　　　　　　　　　　　（　）

（2）"地球老人"正在受到人类的伤害，希望小雨帮助他。（　）

（3）小雨在梦里看到的地球非常美丽。　　　　　　　　　（　）

（4）小雨想出了很多办法帮助"地球老人"。　　　　　　（　）

（5）保护地球要从生活中的小事做起。　　　　　　　　　（　）

2. 听后填空。Listen and fill in the blanks.

（1）小雨看到地球上工厂的烟囱_____，马路上各种车辆_____，大片的森林_____，陆地和海洋_____。

（2）保护地球可以从_____做起。比如不要_____，特别是_____；使用_____制作的文具，少用或者不用_____。

课文三　Text 3

1. 听后选择正确答案。Listen and choose the correct answers.

① A. 王老师不想开车　　　　B. 王老师觉得开车很累

自然与环境
Nature and Environment 16

  C. 今天堵车很厉害   D. 今天王老师的车限行

2   A. 坐公共汽车   B. 坐地铁
   C. 走路   D. 打的

3   A. 很不方便   B. 非常方便
   C. 不习惯   D. 堵车很厉害

4   A. 提前了10分钟   B. 提前了20分钟
   C. 和平时一样   D. 对话里没有提到

2. 听后回答问题。Listen and answer the questions.
 （1）什么是汽车限行规定？
 （2）你对汽车车牌尾号限行规定有什么看法？

课文四 Text 4　13'52"

1. 听后回答问题。Listen and answer the questions.
 （1）这段对话中的两个人在谈论什么话题？
 （2）对话中提到了哪几个国家？
 （3）委内瑞拉总统为什么呼吁国民不要在洗澡的时候唱歌？

2. 听后填空。Listen and fill in the blanks.
 （1）韩国为了环保，_____，安全无毒，又_____，一举两得。
 （2）日本公园里的椅子和花盆都是用废纸做的，_____。
 （3）英国把_____、_____种在屋顶上，利用雨水灌溉，_____
_____。

(4) 为了推广使用自行车，墨西哥城的市长_____。

(5) 委内瑞拉总统为了节水，呼吁_____。

课文五　Text 5

听后回答问题。 Listen and answer the questions.

(1) 请说出联合国第一次人类环境会议的时间和地点。
(2) 第27届联合国大会作出了什么决定？
(3) 第一个"世界环境日"主题是哪一年提出的？
(4) 第一个"世界环境日"主题是什么？
(5) 每年"世界环境日"的主题有什么作用？
(6) 2009年"世界环境日"中国主题是什么？

第十七课

现代生活
Modern Life

一、生词　New Words

1.	淘汰	táotài	（动）	fall into disuse
2.	知根知底	zhī gēn zhī dǐ		know sb's background; know sb. thoroughly
3.	杀手	shāshǒu	（名）	killer
4.	咒	zhòu	（动）	curse
5.	一个劲儿	yígejìnr	（副）	continuously
6.	固定	gùdìng	（形）	fixed; regular
7.	稳定	wěndìng	（形）	stable; steady
8.	贷款	dài//kuǎn	（动）	loan
9.	利率	lìlǜ	（名）	interest rate
10.	离谱	lí//pǔ	（形）	far away from what is normal
11.	本钱	běnqián	（名）	capital; sth. used to one's own advantage
12.	历来	lìlái	（副）	always
13.	养生	yǎngshēng	（动）	keep in good health
14.	持之以恒	chí zhī yǐ héng		persevere
15.	集中	jízhōng	（形）	concentrate; centralize; put together
16.	健身器械	jiànshēn qìxiè		fitness equipment
17.	观察	guānchá	（动）	observe; watch
18.	偏爱	piān'ài	（动）	have partiality for sth.; show favoritism to sb.

105

19.	对抗	duìkàng	（动）	antagonism
20.	白皙	báixī	（形）	(of skin) fair and clear
21.	瑜伽	yújiā	（名）	yoga
22.	逐步	zhúbù	（副）	step by step; progressively
23.	常态	chángtài	（名）	normal behaviour or conditions; normality
24.	配	pèi	（动）	provide (manpower or equipment)
25.	报价	bàojià	（名）	quoted price
26.	从容	cóngróng	（形）	unhurried; leisurely
27.	走马观花	zǒu mǎ guān huā		look at flowers while riding a horse—gain a superficial understanding through cursory observation
28.	增强	zēngqiáng	（动）	strengthen; heighten; enhance
29.	公益	gōngyì	（名）	public good; public welfare
30.	志愿	zhìyuàn	（动）	volunteer
31.	自发	zìfā	（形）	spontaneous
32.	志愿者	zhìyuànzhě	（名）	volunteer
33.	队伍	duìwu	（名）	contingent

二、格式与范句 Patterns and examples

1 再怎么说，…… no matter how ...

① 我知道你很难过，但再怎么说，也不能不吃饭啊。

② 家里很穷，可再怎么说，也不能不让孩子上学呀！

2 考虑到 considering

① 考虑到物价上涨的因素，各旅行社的旅游报价也提高了不少。

② 考虑到孩子们的兴趣，学校增加了武术课。

现代生活 Modern Life 17

三、热身练习 Warm-up exercises

一 词语练习 Word exercises 1'26"

1. 朗读词语。Read the following expressions aloud.

(1) 收入稳定　　　　(2) 人口集中　　　　(3) 固定位置
　　稳定的心理　　　　　集中精力　　　　　　固定节目

(4) 公益活动　　　　(5) 培养人才　　　　(6) 增强信心
　　公益广告　　　　　　培养感情　　　　　　增强责任感

2. 听句子，写出刚学过的生词。

Listen to the sentences and write down the new words.

(1)　　　　　　　　　(2)
(3)　　　　　　　　　(4)
(5)　　　　　　　　　(6)
(7)　　　　　　　　　(8)
(9)　　　　　　　　　(10)

二 句子练习 Sentence exercises 4'42"

听第一遍后选择正确答案，听第二遍后模仿。

Listen to the following sentences and choose the correct answers, and then listen again and repeat.

1.　A. 孩子不想看球赛了　　　　B. 孩子不想和你一起看球赛了
　　　C. 孩子已经没有耐心等了　　D. 孩子性格比较急

2.　A. 他们家都是男孩儿　　　　B. 他们家男孩儿多
　　　C. 父母不喜欢女孩儿　　　　D. 父母更喜欢男孩儿

107

3. A. 他爱人很喜欢西红柿炒鸡蛋　　B. 他爱人常常吃西红柿炒鸡蛋
   C. 他爱人不会做别的菜　　　　D. 西红柿炒鸡蛋他已经吃腻了

4. A. 女的以前被同屋骗过
   B. 女的认为在网上认识的人互相不了解
   C. 男的想认识新朋友
   D. 男的觉得在网上容易认识新朋友

5. A. 男的上个月赚的钱不多　　　B. 男的觉得做生意赚钱比较容易
   C. 女的工资不多，想借点儿钱　D. 女的很羡慕男的有自己的生意

6. A. 女的觉得养孩子太贵　　　　B. 女的觉得养孩子太累
   C. 女的不喜欢有很多孩子　　　D. 女的希望生个双胞胎

四、听课文做练习　Exercises based on the texts

课文一　Text 1　7'45"

1. 听后判断对错。Listen and decide whether the statements are true or false.

   (1) 张姐已经开了两年车了。　　　　　　　　　　　　　　(　　)
   (2) 张姐以前开车时出过交通事故。　　　　　　　　　　　(　　)
   (3) 因为便宜，张姐买了一辆二手车。　　　　　　　　　　(　　)
   (4) 张姐买的虽然是二手车，但是质量有保证。　　　　　　(　　)
   (5) 小杨觉得张姐不应该开车，因为马路杀手很多。　　　　(　　)
   (6) 小杨是个爱开玩笑的人。　　　　　　　　　　　　　　(　　)

2. 回答问题。Answer the questions.

   (1) 小杨认为张姐买车不是个好的选择，他的理由是什么？
   (2) 请设想一个对话情景，一个人用"站着说话不腰疼"回答另一个人。

108

课文二　Text 2

听后选择正确答案。 Listen and choose the correct answers.

1. A. 奶奶和孙女　　　　　　　　B. 邻居
   C. 房东和房客　　　　　　　　D. 住户和公寓管理员

2. A. 房价太高　　　　　　　　　B. 年青人刚工作没有钱
   C. 新房子的地点太偏了　　　　D. 还贷的压力太大

3. A. 有车　　　B. 有房　　　C. 吃好　　　D. 玩儿好

4. A. 收入稳定　　　　　　　　　B. 研究生毕业
   C. 不在吃穿方面花钱　　　　　D. 最少有 100 万元

5. A. 为了享受生活，年青人不想买房
   B. 租房子的生活不够稳定
   C. 要买房就要选择中心地区
   D. 租房子可以按照自己的意愿选择地点

课文三　Text 3

听后回答问题。 Listen and answer the questions.

（1）请解释一下"身体是革命的本钱"这句俗语的意思。
（2）中国人传统的养生观点是怎样的？现在有了什么样的变化？
（3）请举例说明老年人的健身方式。
（4）年青人喜欢什么样的运动？为什么？
（5）姑娘们喜欢什么样的运动？为什么？

课文四　Text 4

1. 听后判断对错。Listen and decide whether the statements are true or false.

(1) 两人在商量给老人买什么生日礼物。　　　　　　　　（　）
(2) 营养保健品经常会作为送给老人的礼物。　　　　　　（　）
(3) 他们希望今年有个不同的礼物。　　　　　　　　　　（　）
(4) 四川是旅行社重点推荐的旅游线路。　　　　　　　　（　）
(5) 他们觉得应该跟父母商量以后再决定。　　　　　　　（　）
(6) 他们想先了解一下旅游合同再决定。　　　　　　　　（　）

2. 回答问题。Answer the question.

跟旅行社的其他旅行安排相比，"夕阳红"旅行有什么特点？

课文五　Text 5

1. 听后填空。Listen and fill in the blanks.

随着社会经济的不断发展，人们在享受到了更丰富的＿＿＿＿＿＿的同时，＿＿＿＿＿＿的意识也逐步增强。越来越多的普通市民＿＿＿＿＿＿。

2. 回答问题。Answer the questions.

(1) 根据课文内容，请列举2-3项市民参与的公益活动。
(2) 请说出推动中国人参与志愿活动热情的重大事件。

第十八课

科学与迷信
Science and Superstition

一、生词　New Words

1.	算命	suàn//mìng	（动）	tell sb's fortune
2.	犹豫	yóuyù	（动）	hesitate
3.	大师	dàshī	（名）	grand master
4.	财运	cáiyùn	（名）	luck for wealth
5.	官运	guānyùn	（名）	luck in being promoted as an official
6.	一路畅通	yí lù chàngtōng		unimpeded
7.	转运	zhuǎn//yùn	（动）	to have a change of luck
8.	咒语	zhòuyǔ	（名）	incantation
9.	星座	xīngzuò	（名）	constellation
10.	运势	yùnshì	（名）	luck tendency
11.	白羊座	báiyángzuò	（名）	Aries
12.	投资	tóu//zī	（动）	invest
13.	升值	shēngzhí	（动）	increase in value
14.	股票	gǔpiào	（名）	stock
15.	涨	zhǎng	（动）	rise
16.	巧合	qiǎohé	（名）	coincidence
17.	幸运	xìngyùn	（形）	lucky
18.	气派	qìpài	（形）	magnificent
19.	称呼	chēnghū	（动）	call; address
20.	建筑	jiànzhù	（名）	architecture
21.	风水	fēngshuǐ	（名）	*fengshui*; geomancy
22.	所谓	suǒwèi	（形）	so-called

23.	积极	jījí	（形）	active; positive
24.	盆栽	pénzāi	（名）	potted plant; bonsai
25.	迷信	míxìn	（形）	superstitious
26.	嫦娥	Cháng'é	（专名）	Goddess of the Moon (a lady in the legend who swallowed an elixir and flew to the moon)
27.	传说	chuánshuō	（名）	legend
28.	探索	tànsuǒ	（动）	explore
29.	宇航员	yǔhángyuán	（名）	astronaut
30.	宇宙	yǔzhòu	（名）	universe
31.	飞船	fēichuán	（名）	spaceship
32.	发射	fāshè	（动）	launch
33.	逻辑	luóji	（名）	logic
34.	占星术	zhānxīngshù	（名）	astrology
35.	伪科学	wěi kēxué		pseudoscience
36.	预言	yùyán	（名、动）	prophecy；predict
37.	证据	zhèngjù	（名）	proof
38.	抨击	pēngjī	（动）	attack (in speech or writing)
39.	巫术	wūshù	（名）	witchcraft

二、格式与范句　Patterns and examples

1　干吗不……呢?　　Why not...
　　口语用法，意思是"为什么不……呢?"，表示反问。
　　① 这么好的机会，你干吗不试一试呢?
　　② 既然你不知道，干吗不问问别人呢?

2　说得过去　　Just passable.
　　还可以，勉强合格。

① A：你这次考试考得不错吧？

　　B：还说得过去。

② A：他的中文说得怎么样？

　　B：还说得过去吧。

3 对……有研究　carry out extensive research on...

① 他对中国的风水很有研究。

② 我听说你对中国传统文化很有研究。

4 所谓……，就是……　what is called...is...

所说的……，就是……。谓：说。

① 所谓风水，就是人和环境关系的学问。

② 所谓幸福，就是和自己喜欢的人在一起。

三、热身练习　Warm-up Exercises

一　词语练习 Word exercises　1'37"

1. 朗读词语。Read the following expressions aloud.

(1) 犹豫不决　　　(2) 幸运数字　　　(3) 风水先生
　　毫不犹豫　　　　　幸运号码　　　　　风水大师

(4) 积极行动　　　(5) 探索宇宙　　　(6) 发射飞船
　　态度积极　　　　　科学探索　　　　　发射火箭

2. 听句子，写出刚学过的生词。

Listen to the sentences and write down the new words.

(1)　　　　　　　　　　(2)
(3)　　　　　　　　　　(4)
(5)　　　　　　　　　　(6)
(7)　　　　　　　　　　(8)
(9)　　　　　　　　　　(10)

二 句子练习 Sentence exercises 4'45"

听第一遍后选择正确答案,听第二遍后模仿。
Listen to the following sentences and choose the correct answers, and then listen again and repeat.

1. A. 你不应该参加 　　　　　　　　B. 你应该参加
   C. 你可以参加,也可以不参加 　　D. 你最好不参加

2. A. 很不满意 　　　　　　B. 非常满意
   C. 比较满意 　　　　　　D. 有点儿不满意

3. A. 老王不相信风水 　　　　　B. 老王认为风水是迷信
   C. 老王是专门研究风水的 　　D. 老王可能会看风水

4. A. 说话人不相信算命 　　　　　B. 说话人相信算命
   C. 说话人认为算命是科学 　　　D. 以上说法都不对

5. A. 说话人相信占星术
   B. 说话人对占星术很有研究
   C. 说话人认为占星术是有科学道理的
   D. 说话人不相信占星术

四、听课文做练习 Exercises based on the texts

课文一 Text 1 6'58"

1. 听后判断对错。Listen and decide whether the statements are true or false.
   (1) 男的明年要考研究生,想去算命看看能不能考上。　　(　　)
   (2) 女的特别相信算命,但是觉得算命太贵了。　　　　　(　　)
   (3) 男的去雍和宫算过命,花了 300 块钱。　　　　　　　(　　)

科学与迷信
Science and Superstition

(4) 算命先生说男的命好，但是今年下半年不太好。　　　　（　　）

(5) 算命先生给男的转运的方法是念咒语。　　　　　　　　（　　）

(6) "信则有，不信则无"意思是算命非常准。　　　　　　　（　　）

2. 听后回答问题。Listen and answer the question.

你相信算命吗？请谈谈理由。

课文二　Text 2

听后选择正确答案。Listen and choose the correct answers.

1　A. 会算命　　　　　　　　　　B. 让女的给他算命
　　C. 经常上网看星座和运势　　　D. 不相信算命

2　A. 不相信星座与运势有关系　　B. 相信星座与运势有关系
　　C. 经常上网看星座和运势　　　D. 经常让男的帮她看运势

3　A. 白羊座　　　　　　　　　　B. 双鱼座
　　C. 狮子座　　　　　　　　　　D. 对话里没有提到

4　A. 幸运色　　B. 财运　　C. 幸运数字　　D. 官运

5　A. 黑色　　　　　　　　　　　B. 咖啡色
　　C. 黑色和咖啡色　　　　　　　D. 对话中没有提到

6　A. 完全相信　　　　　　　　　B. 完全不相信
　　C. 有时候相信　　　　　　　　D. 有时候不相信

课文三　Text 3　11'36"

1. 听后判断对错。 Listen and decide whether the statements are true or false.

(1) 男的和女的是上下级关系。　　　　　　　　　　　　　　（　）
(2) 男的这些年事业发展得很好，现在是老板。　　　　　　　（　）
(3) 女的是专门研究风水的，男的请她来办公室看风水。　　　（　）
(4) 女的是搞建筑设计的，她认为风水是迷信。　　　　　　　（　）
(5) 女的建议男的在办公室里摆一些盆栽，挂一幅山水画。　　（　）
(6) 在风水中水代表财。　　　　　　　　　　　　　　　　　（　）
(7) 从对话中我们可以知道男的对风水不太相信。　　　　　　（　）

2. 听后填空。 Listen and fill in the blanks.

(1) 所谓风水，其实就是_____的学问。好的环境会对人的情绪产生_____，当然就_____的发展了。

(2) 女的建议王老板在办公室里摆一些_____，最好是叶子宽大的_____，可以_____，据说还能_____。墙上还可以挂_____，让人觉得_____，可以_____。传统风水认为，画儿中的水最好是_____，因为_____。

课文四　Text 4　13'21"

1. 听后判断对错。 Listen and decide whether the statements are true or false.

(1) 这段对话可能发生在除夕之夜。　　　　　　　　　　　　（　）
(2) 嫦娥奔月是发生在中国历史上的一件事。　　　　　　　　（　）
(3) 科学技术的发展让人类的很多梦想都变成了现实。　　　　（　）
(4) 中国发射的宇宙飞船成功实现了太空行走。　　　　　　　（　）
(5) 女的梦见自己变成嫦娥，飞到了月亮上。　　　　　　　　（　）

科学与迷信
Science and Superstition   18

2. 听后填空。 Listen and fill in the blanks.

（1）"嫦娥奔月"虽然_____，但我觉得它表达了古代人们_____和_____。

（2）美国在_____就成功登上了_____。我还记得_____踏上月球表面的_____说的那句_____，"这是我个人的_____，却是人类的_____。"

课文五　Text 5　14'50"

听后判断对错。 Listen and decide whether the statements are true or false.

(1)《研究的逻辑》是1935年出版的一本书，作者是波普尔。　　　(　)
(2) 波普尔认为占星家的预言都能解释清楚，所以占星术是科学。 (　)
(3) 占星家们不承认他们的预言会出现错误。　　　　　　　　　(　)
(4) 计算机的出现，证明了占星术是伪科学。　　　　　　　　　(　)
(5) 在抨击占星术的声明上签名的科学家中有19位诺贝尔奖得主。(　)
(6) 声明提出了三个理由说明占星术是伪科学。　　　　　　　　(　)
(7) 现在人们都已经认识到占星术是伪科学。　　　　　　　　　(　)

117

第十九课

影视娱乐
Film and Television

一、生词 New Words 5"

1.	古装剧	gǔzhuāngjù	（名）	costume drama
2.	烦	fán	（动）	be annoyed; be tired of
3.	悠久	yōujiǔ	（形）	long; age-old
4.	纯粹	chúncuì	（副）	purely; wholly
5.	娱乐	yúlè	（名）	amusement; entertainment; recreation
6.	媒体	méitǐ	（名）	media
7.	责任心	zérènxīn	（名）	sense of responsibility
8.	误导	wùdǎo	（动）	mislead
9.	票房	piàofáng	（名）	box-office value
10.	突破	tūpò	（动）	surmount; break through
11.	号召力	hàozhàolì	（名）	rallying point
12.	赔钱	péi//qián	（动）	sustain economic losses; lose money in business
13.	挨	ái	（动）	suffer; endure
14.	挑刺	tiāo//cì(r)	（动）	find fault; pick holes; be captious
15.	尝试	chángshì	（动）	attempt; try
16.	局限	júxiàn	（动）	limit; confine
17.	框子	kuàngzi	（名）	restriction; set pattern
18.	宣传片	xuānchuánpiàn	（名）	promotional film
19.	开幕式	kāimùshì	（名）	opening ceremony

影视娱乐 19
Film and Television

20.	欣赏	xīnshǎng	(动)	appreciate; enjoy; admire
21.	模仿	mófǎng	(动)	imitate; copy; model oneself on
22.	译制片	yìzhìpiàn	(名)	a dubbed film
23.	符合	fúhé	(动)	accord with; tally with
24.	粉丝	fěnsī	(名)	fans
25.	爱屋及乌	ài wū jí wū		love for a person extends even to the crows on his roof; love me, love my dog
26.	狂热	kuángrè	(形)	fanatical; feverish
27.	疯狂	fēngkuáng	(形)	frenzied; unbridled
28.	幼稚	yòuzhì	(形)	childish; puerile; naive
29.	引导	yǐndǎo	(动)	guide; lead
30.	生存	shēngcún	(动)	subsist; exist; live
31.	与众不同	yǔ zhòng bù tóng		be out of the world; be different from the common run
32.	多元	duōyuán	(形)	multivariate; pluralistic
33.	较真	jiào//zhēn(r)	(形)	serious; earnest

二、格式与范句　Patterns and examples

1 冲着……(来/去的)　aim at; because of
① 这不是这个店的招牌菜吗？咱们就是冲着这道菜来的，怎么能不尝尝？
② 很多家长就是冲着这个学校的外语特色才给孩子报名的。

2 居然　unexpectedly; to one's surprise
表示事情超乎常理，出人意料。
① 这么大的事居然不跟家里商量，太不像话了！
② 真想不到你居然跟这种人交朋友！
③ 几十个人的名字，他居然看一遍就全记住了！

3 何必　There is no need; why

表示"为什么一定要",用反问的语气表示不必。

① 舒舒服服地在家看电视直播多好,何必去现场?又贵又晒。

② 跟孩子生这么大气,何必呢?

张艺谋电影海报

三、热身练习　Warm-up exercises

一　词语练习　Word exercises　1'27"

1. 朗读词语。Read the following expressions aloud.

(1) 大众媒体　　　(2) 有责任心　　　(3) 有号召力
　　公共媒体　　　　　责任心强　　　　　号召力强

(4) 请教老师　　　(5) 生存环境　　　(6) 模仿发音
　　请教问题　　　　　无法生存　　　　　适合模仿

影视娱乐 Film and Television 19

2. 听句子，写出刚学过的生词。

Listen to the sentences and write down the new words.

(1)　　　　　　　　　　　(2)
(3)　　　　　　　　　　　(4)
(5)　　　　　　　　　　　(6)
(7)　　　　　　　　　　　(8)
(9)　　　　　　　　　　　(10)

二　句子练习　Sentence exercises　▶ 4'37"

听第一遍后选择正确答案，听第二遍后模仿。

Listen to the following sentences and choose the correct answers, and then listen again and repeat.

1.　A. 邀请朋友来北京玩儿三天
　　　B. 北京有很多好玩的地方
　　　C. 到北京旅游，三天时间不够
　　　D. 他只有三天时间逛北京

2.　A. 妈妈骂他了　　　　　　B. 妈妈新买了一个花瓶
　　　C. 妈妈喜欢养花　　　　　D. 妈妈的花瓶被打碎了

3.　A. 能干的人　　　　　　　B. 能说的人
　　　C. 有错就改的人　　　　　D. 不好合作的人

4.　A. 赵林太年轻　　　　　　B. 赵林没有经验
　　　C. 赵林愿意尝试　　　　　D. 赵林有勇气

5.　A. 觉得可笑　　　　　　　B. 生气了
　　　C. 不相信他的话　　　　　D. 喜欢开玩笑

6. A. 他喜欢帮别人忙 B. 他喜欢自由的工作
   C. 他不想找工作 D. 他希望有个稳定的工作

7. A. 他喜欢看广告
   B. 大家喜欢看漂亮的模特
   C. 模特的选择应该和产品相配
   D. 模特穿得越少越容易让观众注意

四、听课文做练习 Exercises based on the texts

课文一 Text 1

1. 听后选择正确答案。Listen and choose the correct answers.

   ① A. 女的是电视剧迷 B. 女的喜欢看古装剧
      C. 男的不喜欢看电视剧 D. 男的觉得电视剧都是骗人的

   ② A. 女的觉得好看
      B. 女的觉得它不是真实的历史
      C. 男的觉得通过历史可以反省现实
      D. 男的觉得历史不能随便写

   ③ A. 他更喜欢看现代的故事 B. 他觉得电视剧里的皇帝太英俊
      C. 他的孙子不喜欢古装剧 D. 他的孙子把古装剧当成了历史

   ④ A. 女的不是个认真的人 B. 女的不了解历史
      C. 男的对孙子的学习不满意 D. 男的认为媒体应该提高责任心

2. 听后回答问题。Listen and answer the question.

　　谈谈你对古装剧的态度。

课文二　Text 2

听后判断对错。Listen and decide whether the statements are true or false.

(1) 观众不喜欢张艺谋的电影。　　　　　　　　　　　　　　(　)
(2) 观众看张艺谋的电影是因为电影里有很多大明星。　　　　(　)
(3) 只要导演是张艺谋，观众就会买票看这部电影。　　　　　(　)
(4) 张艺谋的电影都很赚钱。　　　　　　　　　　　　　　　(　)
(5) 张艺谋的电影受到的批评很多。　　　　　　　　　　　　(　)
(6) 观众对张艺谋很失望，不想再看他的电影了。　　　　　　(　)
(7) 张艺谋的作品风格多样。　　　　　　　　　　　　　　　(　)

课文三　Text 3

听后填空。Listen and fill in the blanks.

(1) 对话中提到的三类电视节目是＿＿＿＿、＿＿＿＿和＿＿＿＿。

(2) 这三类电视节目的语言特点分别是：

　　① ＿＿＿＿类：＿＿＿＿快，＿＿＿＿多，有些人＿＿＿＿。

　　② ＿＿＿＿类：＿＿＿＿慢，＿＿＿＿不长，不过＿＿＿＿。

　　③ ＿＿＿＿：翻译＿＿＿＿，句子＿＿＿＿，发音＿＿＿＿，都说＿＿＿＿。

课文四 Text 4　14'53"

听后选择正确答案。Listen and choose the correct answers.

1. A. 有趣　　　　B. 好奇　　　　C. 无聊　　　　D. 不重要

2. A. 是很新鲜的事　　　　　　　B. 是年青人的事
   C. 是有时间的时候做的事　　　D. 是在浪费时间

3. A. 追星是不对的　　　　　　　B. 追星是让人不能理解的事
   C. 可以追星，但不要给狗买礼物　D. 可以追星，关心他的事业就行

4. A. 这是年龄特点决定的　　　　B. 这是时代的关系，现在是娱乐时代
   C. 年青人有一点儿幼稚　　　　D. 年青人可以追不同的星

5. A. 父亲觉得好新闻太少
   B. 儿子觉得为了销售，必须有些特别的内容
   C. 父亲觉得应该少登娱乐新闻
   D. 儿子觉得大家喜欢看娱乐新闻

6. A. 年青人就是喜欢追星
   B. 父亲年青时也追过星，不应该批评现在的年青人
   C. 报纸更多地考虑了年青人的爱好
   D. 不喜欢这样的新闻可以不看

第二十课

经典人物
Classic characters

一、生词　New Words　5"

1.	犯	fàn	（动）	have an attack of (one's old illness)
2.	家喻户晓	jiā yù hù xiǎo		be known to every household; be known to all
3.	打仗	dǎ//zhàng	（动）	fight; go to war
4.	耐烦	nàifán	（形）	patient
5.	抱怨	bàoyuàn	（动）	complain
6.	大材小用	dà cái xiǎo yòng		put fine timber to petty use—waste one's talent on a petty job
7.	盼	pàn	（动）	hope for; long for; look forward to
8.	千里马	qiānlǐmǎ	（名）	a horse that covers a thousand *li* a day; winged steed; person of great talent
9.	挫折	cuòzhé	（名）	setback; reverse
10.	脱口而出	tuō kǒu ér chū		say sth. unwittingly; blurt out
11.	智商	zhìshāng	（名）	IQ
12.	传奇	chuánqí	（名）	legend
13.	津津乐道	jīnjīn lèdào		take delight in talking about (sth.)
14.	不胜枚举	bú shèng méi jǔ		too many to enumerate
15.	智慧	zhìhuì	（名）	wisdom; intelligence
16.	显示	xiǎnshì	（动）	show; demonstrate; manifest
17.	字幕	zìmù	（名）	subtitle
18.	现场	xiànchǎng	（名）	site; spot
19.	犯法	fàn//fǎ	（动）	violate the law
20.	公道	gōngdao	（形）	fair; just; reasonable; impartial

21.	流传	liúchuán	（动）	spread; hand down
22.	爱慕	àimù	（动）	adore; love
23.	侍女	shìnǚ	（名）	maid
24.	大团圆结局	dà tuányuán jiéjú		happy ending
25.	终成眷属	zhōng chéng juànshǔ		get married

二、格式与范句　Patterns and examples

1　（光）顾（着）　(only) attend to; (only) take into consideration
也可说"（只）顾（着）"。
① 两个人光顾着聊天儿，结果坐过了站。
② 别光顾着自己吃喝，帮我照顾一下客人。
③ 他只顾自己，不管别人，太自私了！

2　……再 A 也 A 不过……　even A, not as A as...
表示程度深。
① 餐厅的饭做得再好也好不过妈妈做的。
② 你去过的地方再多也多不过我。
③ 你再能跑也跑不过小王。

3　哪怕　even if; no matter how
表示假设兼让步，常与"都""也""还""总"搭配使用。
① 哪怕工作再忙，也应该找时间回家看看老人。
② 哪怕有万分之一治愈的希望，我都不会放弃。
③ 我会坚持跑完比赛，哪怕只剩下我一个人。

4　扮演……的角色　play the part of ...; play a role in ...
① 北京成功举办了奥运会，志愿者在其中扮演了极其重要的角色。
② 在整个比赛中，8号队员扮演了进攻组织者的角色。
③ 两人相处了整整一年，男孩儿始终扮演着哥哥的角色。

经典人物
Classic Characters 20

三、热身练习 Warm-up exercises

一 词语练习 Word exercises ▶ 1'13"

1. 朗读词语。Read the following expressions aloud.

(1) 高智商　　　　(2) 工作踏实　　　　(3) 一段传奇
　　智商超常　　　　　觉得踏实　　　　　　传奇经历
(4) 汉语字幕　　　(5) 充分显示　　　　(6) 办事公道
　　没有字幕　　　　　显示自己　　　　　　说句公道话

2. 听句子，写出刚学过的生词。

Listen to the sentences and write down the new words.

(1)　　　　　　　　　　　(2)
(3)　　　　　　　　　　　(4)
(5)　　　　　　　　　　　(6)
(7)　　　　　　　　　　　(8)
(9)　　　　　　　　　　　(10)

二 句子练习 Sentence exercises ▶ 4'24"

听第一遍后选择正确答案，听第二遍后模仿。

Listen to the following sentences and choose the correct answers, and then listen again and repeat.

1. A. 志愿者总是很热心
   B. 帮助别人的志愿者很多
   C. 志愿者都是愿意帮助别人的人
   D. 志愿者做的好事很多，数都数不过来

2. A. 锻炼有好处
   B. 应该坚持锻炼

127

C. 坚持锻炼的人体会到锻炼的好处，因而愿意向别人说

D. 请坚持锻炼的人说一说锻炼的好处

3. A. 同意他带儿子去，因为他们都是球迷

B. 同意他带儿子去，因为在现场可以随便喊加油

C. 不同意他带儿子去，觉得到时候他会太兴奋，忘了还带着孩子

D. 不同意他带儿子去，觉得男人不懂如何照顾孩子

4. A. 男的觉得秘书工作同样需要名牌大学毕业

B. 男的觉得即使名牌大学毕业，找工作也不容易

C. 女的觉得这个工作对她很合适

D. 女的觉得这个工作对她有帮助

5. A. 孩子没能力自己开公司

B. 父母不放心孩子一个人干活儿

C. 孩子干活儿不干净

D. 一让孩子干活儿他就要上厕所

6. A. 应该更多地练习　　　B. 他们想找专业队比赛

C. 他们的水平不够高　　D. 他们跟谁比赛都不怕

四、听课文做练习　Exercises based on the texts

课文一　Text 1　7'20"

听后判断对错。 Listen and decide whether the statements are true or false.

(1) 赵先生丢的钱是给他妈妈看病用的。（　）

(2) 赵先生刚从欧洲回来。（　）

(3) 出租车司机以前认识赵先生，知道他家的地址。（　）

(4) 雷锋在中国非常有名。（　）

（5）雷锋曾经是战斗英雄。　　　　　　　　　　　　　（　）

（6）雷锋总是想着帮助别人。　　　　　　　　　　　　（　）

（7）"雷锋"是指那些热心帮助别人的人。　　　　　　　（　）

课文二　Text 2

1. 听后选择正确答案。 Listen and choose the correct answers.

① A. 他不想回家　　　　　　　B. 他的报告还没写完
　 C. 他要替别人改报告　　　　 D. 他们要开会

② A. 她大学毕业快半年了　　　 B. 她对自己的工作不满意
　 C. 她不会做家务　　　　　　 D. 她觉得自己的能力没被发现

③ A. 工作能力很强　　　　　　 B. 认为自己什么事都能做好
　 C. 不喜欢分配给自己的工作　 D. 不喜欢开会，对太多的会议很不耐烦

2. 说一说。 Talk about it.

（1）根据两人的对话，他们对刚毕业的大学生的看法是怎样的？

（2）你认为伯乐和千里马是怎样的关系？

课文三　Text 3

听后连线。 Listen and match the two columns.

- 一个人面对很多人进行辩论
- 脑子灵活、主意多的人
- 大家一起也能想出好办法
- 为得到能人的帮助，多次拜访
- 事情发生后，有人说"我早就知道……"

- 三顾茅庐
- 事后诸葛亮
- 小诸葛
- 舌战群儒
- 三个臭皮匠，顶个诸葛亮

课文四　Text 4

听后判断对错。 Listen and decide whether the statements are true or false.

(1) 大卫常常在电视上看京剧，不过听不懂。　　　　　　　(　)
(2) 在剧场里看京剧的效果更好，剧场里的字幕更大。　　　(　)
(3) 明天他们要看两出包公戏。　　　　　　　　　　　　　(　)
(4) 开封有与包公有关的旅游景点。　　　　　　　　　　　(　)
(5) 包公的权力比皇帝还大，所以连皇帝也怕他。　　　　　(　)
(6) 皇帝的亲戚犯了法，包公一样会让他们受到惩罚。　　　(　)
(7) 不管是富人、穷人，包公都会公平对待。　　　　　　　(　)
(8) "青天"是指那些处事公正的好官。　　　　　　　　　　(　)

课文五　Text 5

说一说。 Talk about it.

在现代生活中，"红娘"是什么人？说说这一意义的由来。

生词表
Vocabulary

A

挨	ái	（动）	19
癌症	áizhèng	（名）	12
爱慕	àimù	（动）	20
爱屋及乌	ài wū jí wū		19
安宁	ānníng	（形）	12

B

巴西	Bāxī	（专名）	8
白皙	báixī	（形）	17
白羊座	báiyángzuò	（名）	18
拜年	bài//nián	（动）	5
保姆	bǎomǔ	（名）	7
报价	bàojià	（名）	17
抱怨	bàoyuan	（动）	20
悲伤	bēishāng	（形）	12
背景	bèijǐng	（名）	3
本钱	běnqián	（名）	17
毕竟	bìjìng	（副）	13
弊端	bìduān	（名）	13
辩论	biànlùn	（动）	1
标记	biāojì	（名）	15
瘪	biě	（形）	4
冰川	bīngchuān	（名）	16
病床	bìngchuáng	（名）	10
拨打	bōdǎ	（动）	4
播	bō	（动）	3
博士	bóshì	（名）	11
不胜枚举	bú shèng méi jǔ		20
不下	búxià	（动）	14
部门	bùmén	（名）	11

C

财运	cáiyùn	（名）	18
操心	cāo//xīn	（动）	9
嘈杂	cáozá	（形）	3
策划	cèhuà	（动）	11
差距	chājù	（名）	13
尝试	chángshì	（动）	19
常态	chángtài	（名）	17
嫦娥	Cháng'é	（专名）	18
超过	chāoguò	（动）	3
炒	chǎo	（动）	2
车牌	chēpái	（名）	16
车胎	chētāi	（名）	4
称呼	chēnghū	（动）	18
盛	chéng	（动）	2
逞能	chěng//néng	（动）	12
秤	chèng	（名）	3
痴迷	chīmí	（形）	14
持之以恒	chí zhī yǐ héng		17

充分	chōngfèn	(形)	1		大年三十	dànián sānshí(r)		5
冲动	chōngdòng	(形)	8		大师	dàshī	(名)	18
崇拜	chóngbài	(动)	15		大团圆结局	dà tuányuán jiéjú		20
绸子	chóuzi	(名)	5		大型	dàxíng	(形)	11
出境	chūjìng	(动)	3		带	dài	(名)	4
传	chuán	(动)	4		待遇	dàiyù	(名)	11
传承	chuánchéng	(动)	15		贷款	dài//kuǎn	(动)	17
传奇	chuánqí	(名)	20		耽误	dānwù	(动)	1
传说	chuánshuō	(名)	18		胆小	dǎnxiǎo	(形)	8
传统	chuántǒng	(形)	15		荡秋千	dàng qiūqiān		15
创汇	chuànghuì	(动)	3		得不偿失	dé bù cháng shī		1
创意	chuàngyì	(名)	16		得失	déshī	(名)	12
纯粹	chúncuì	(副)	19		登记处	dēngjìchù	(名)	7
纯洁	chúnjié	(形)	15		地道	dìdao	(形)	1
从容	cóngróng	(形)	17		点球	diǎnqiú	(名)	8
从事	cóngshì	(动)	13		电器	diànqì	(名)	7
葱花	cōnghuā(r)	(名)	2		丁克	dīngkè	(名)	7
促进	cùjìn	(动)	12		顶	dǐng	(动)	7
促销	cùxiāo	(动)	15		定义	dìngyì	(名)	12
存在	cúnzài	(动)	14		动脑子	dòng nǎozi		8
挫折	cuòzhé	(名)	20		独处	dúchǔ	(动)	1
措施	cuòshī	(名)	16		独立	dúlì	(形)	14
					堵	dǔ	(动)	4
D					堵车	dǔ//chē	(动)	6
打断	dǎduàn	(动)	11		堵塞	dǔsè	(动)	4
打喷嚏	dǎ pēnti		4		赌	dǔ	(动)	11
打气	dǎ//qì	(动)	4		短缺	duǎnquē	(形)	16
打仗	dǎ//zhàng	(动)	20		锻炼	duànliàn	(动)	6
打折	dǎ//zhé	(动)	3		队伍	duìwu	(名)	17
大材小用	dà cái xiǎo yòng		20		对	duì	(量)	7

生词表
Vocabulary

对抗	duìkàng	（动）	17
对口	duìkǒu	（形）	11
对象	duìxiàng	（名）	7
多元	duōyuán	（形）	19

E

恶心	ěxin	（形）	12
儿化	érhuà	（动）	1
儿童节	Értóng Jié	（专名）	5
耳鸣	ěr míng		10
二氧化碳	èryǎnghuàtàn	（名）	12

F

发财	fā//cái	（动）	5
发愁	fā//chóu	（动）	2
发火	fā//huǒ(r)	（动）	12
发票	fāpiào	（名）	3
发射	fāshè	（动）	18
发作	fāzuò	（动）	4
法定	fǎdìng	（形）	15
烦	fán	（动）	19
反映	fǎnyìng	（动）	7
反正	fǎnzhèng	（副）	12
犯	fàn	（动）	20
犯法	fàn//fǎ	（动）	20
范围	fànwéi	（名）	12
防伪	fángwěi	（动）	14
防治	fángzhì	（动）	16
放松	fàngsōng	（动）	8
飞船	fēichuán	（名）	18

废气	fèiqì	（名）	16
废水	fèishuǐ	（名）	16
分担	fēndān	（动）	7
粉丝	fěnsī	（名）	19
风水	fēngshuǐ	（名）	18
风俗	fēngsú	（名）	15
风筝	fēngzheng	（名）	15
封闭	fēngbì	（动）	13
疯狂	fēngkuáng	（形）	19
佛历	Fólì	（名）	15
符合	fúhé	（动）	19
福利	fúlì	（名）	13

G

干脆	gāncuì	（副）	7
干扰	gānrǎo	（动）	10
赶上	gǎnshàng	（动）	6
感恩	gǎn'ēn	（动）	15
高档	gāodàng	（形）	3
高峰	gāofēng	（名）	6
搞定	gǎodìng	（动）	14
各有所长	gè yǒu suǒ cháng		9
根据	gēnjù	（名）	12
跟上	gēn shang		7
工薪族	gōngxīnzú	（名）	3
公道	gōngdao	（形）	20
公关	gōngguān	（名）	11
公民	gōngmín	（名）	5
公益	gōngyì	（名）	17
公用	gōngyòng	（形）	2

133

恭喜	gōngxǐ	(动)	7	合影	héyǐng	(名)	6
贡献	gòngxiàn	(名、动)	16	和睦	hémù	(形)	12
购买力	gòumǎilì	(名)	3	贺年片	hèniánpiàn	(名)	15
古装剧	gǔzhuāngjù	(名)	19	后悔	hòuhuǐ	(动)	11
股票	gǔpiào	(名)	18	呼	hū	(动)	12
固定	gùdìng	(形)	17	呼吁	hūyù	(动)	16
拐	guǎi	(动)	6	忽略	hūlüè	(动)	14
关注	guānzhù	(动)	16	忽视	hūshì	(动)	1
观察	guānchá	(动)	17	花	huā	(形)	3
观点	guāndiǎn	(名)	1	滑冰场	huábīngchǎng	(名)	3
官运	guānyùn	(名)	18	环境	huánjìng	(名)	6
灌溉	guàngài	(动)	16	患者	huànzhě	(名)	10
光	guāng	(副)	3	恢复	huīfù	(动)	4
规模	guīmó	(名)	3	毁灭	huǐmiè	(动)	16
国务院	guówùyuàn	(名)	5	荤	hūn	(形)	2
果断	guǒduàn	(形)	8	婚纱	hūnshā	(名)	7
过度	guòdù	(形)	10	火	huǒ	(形)	3
过分	guòfèn	(形)	1	火把	huǒbǎ	(名)	15
过奖	guòjiǎng	(动)	9	货比三家	huò bǐ sān jiā		14
过时	guòshí	(形)	14				
过于	guòyú	(副)	12				

H

J

海归	hǎiguī	(名)	13	击败	jībài	(动)	8
海平面	hǎipíngmiàn	(名)	16	鸡毛蒜皮	jī máo suàn pí		12
毫无疑问	háo wú yíwèn		6	积极	jījí	(形)	18
好胜	hàoshèng	(形)	12	激烈	jīliè	(形)	9
号召力	hàozhàolì	(名)	19	吉祥	jíxiáng	(形)	15
合群	héqún	(形)	8	急躁	jízào	(形)	8
合同	hétong	(名)	11	集中	jízhōng	(形)	17
				计较	jìjiào	(动)	12
				记忆力	jìyìlì	(名)	10

生词表 Vocabulary

纪念	jìniàn	（动）	15
技能	jìnéng	（名）	13
祭祀	jìsì	（动）	15
佳	jiā	（形）	2
家喻户晓	jiā yù hù xiǎo		20
假如	jiǎrú	（连）	8
假装	jiǎzhuāng	（动）	3
简历	jiǎnlì	（名）	11
建军节	Jiànjūn Jié	（专名）	5
建筑	jiànzhù	（名）	18
健身器械	jiànshēn qìxiè		17
健身舞	jiànshēnwǔ	（名）	5
健谈	jiàntán	（形）	1
焦点	jiāodiǎn	（名）	16
焦虑	jiāolǜ	（形）	12
搅	jiǎo	（动）	2
较真	jiào//zhēn(r)	（形）	19
节能减排	jiénéng jiǎnpái		16
结合	jiéhé	（动）	10
结婚证	jiéhūnzhèng	（名）	7
届	jiè	（量）	8
津津乐道	jīnjīn lè dào		20
尽管	jǐnguǎn	（副）	2
紧急	jǐnjí	（形）	4
紧张	jǐnzhāng	（形）	12
经营	jīngyíng	（动）	11
惊叹	jīngtàn	（动）	6
精彩	jīngcǎi	（形）	1
竞争	jìngzhēng	（名、动）	9
酒席	jiǔxí	（名）	7
救护车	jiùhùchē	（名）	4
局限	júxiàn	（动）	19
举世闻名	jǔ shì wén míng		9
俱	jù	（副）	2
决赛	juésài	（名）	8
军人	jūnrén	（名）	5

K

开阔眼界	kāikuò yǎnjiè		1
开朗	kāilǎng	（形）	1
开幕式	kāimùshì	（名）	19
开演	kāiyǎn	（动）	6
砍伐	kǎnfá	（动）	16
科学	kēxué	（名）	12
可	kě	（动）	5
可持续	kěchíxù	（形）	16
肯	kěn	（动）	8
空间	kōngjiān	（名）	3
控制	kòngzhì	（动）	12
酷	kù	（形）	7
快递	kuàidì	（名）	14
狂热	kuángrè	（形）	19
矿物	kuàngwù	（名）	10
框子	kuàngzi	（名）	19

L

垃圾	lājī	（名）	9
辣椒	làjiāo	（名）	2
离婚	lí//hūn	（动）	7
离谱	lí//pǔ	（形）	17

礼服	lǐfú	(名)	7
力不从心	lì bù cóng xīn		12
力所能及	lì suǒ néng jí		12
历来	lìlái	(副)	17
利弊	lìbì	(名)	14
利率	lìlǜ	(名)	17
良好	liánghǎo	(形)	10
两极	liǎngjí	(名)	16
劣势	lièshì	(名)	13
淋浴	línyù	(动)	4
灵巧	língqiǎo	(形)	8
流	liú	(名)	6
流传	liúchuán	(动)	20
流感	liúgǎn	(名)	10
留念	liúniàn	(动)	6
率	lǜ	(词尾)	7
乱七八糟	luànqībāzāo	(形)	14
逻辑	luóji	(名)	18
洛杉矶	Luòshānjī	(专名)	8

M

脉搏	màibó	(名)	10
盲目	mángmù	(形)	13
冒险	mào//xiǎn	(动)	11
没劲	méijìn	(形)	8
媒体	méitǐ	(名)	19
美发厅	měifàtīng	(名)	3
美食城	měishíchéng	(名)	3
美中不足	měi zhōng bù zú		9
梦想	mèngxiǎng	(名)	6

迷信	míxìn	(形)	18
秘诀	mìjué	(名)	1
面临	miànlín	(动)	16
面试	miànshì	(动)	11
民俗	mínsú	(名)	15
模仿	mófǎng	(动)	19

N

内向	nèixiàng	(形)	1
耐烦	nàifán	(形)	20
耐心	nàixīn	(形、名)	7
难以自拔	nányǐ zì bá		14
能源	néngyuán	(名)	16
扭秧歌	niǔ yāngge		5
挪威	Nuówēi	(专名)	8

O

偶然	ǒurán	(形)	14

P

盼	pàn	(动)	20
培养	péiyǎng	(动)	12
赔钱	péi//qián	(动)	19
配	pèi	(动)	17
喷头	pēntóu	(名)	4
盆栽	pénzāi	(名)	18
抨击	pēngjī	(动)	18
批准	pīzhǔn	(动)	9
脾气	píqi	(名)	8
片面	piànmiàn	(形)	1
偏爱	piān'ài	(动)	17

136

票房	piàofáng	(名)	19
品尝	pǐncháng	(动)	14
泼水节	Pōshuǐ Jié	(专名)	15
扑出	pū chū		8
普遍	pǔbiàn	(形)	7

Q

起码	qǐmǎ	(副)	6
气氛	qìfēn	(名)	14
气功	qìgōng	(名)	5
气门芯儿	qìménxīnr	(名)	4
气派	qìpài	(形)	18
气色	qìsè	(名)	10
气象信息台	qìxiàng xìnxītái		9
千里马	qiānlǐmǎ	(名)	20
迁	qiān	(动)	9
签	qiān	(动)	11
前夕	qiánxī	(名)	13
前者	qiánzhě	(名)	9
强调	qiángdiào	(动)	1
抢	qiǎng	(动)	4
巧合	qiǎohé	(名)	18
亲身	qīnshēn	(形)	1
轻柔	qīngróu	(形)	3
清炒西蓝花	qīngchǎo xīlánhuā		2
清新	qīngxīn	(形)	12
情人节	Qíngrén Jié	(专名)	15
情绪	qíngxù	(名)	12
请教	qǐngjiào	(动)	15
求职	qiúzhí	(动)	11
取消	qǔxiāo	(动)	10
圈	quān	(名)	8
全体	quántǐ	(名)	5
缺点	quēdiǎn	(名)	11
缺少	quēshǎo	(动)	10

R

人才	réncái	(名)	11
人选	rénxuǎn	(名)	11
融化	rónghuà	(动)	16
如何	rúhé	(代)	14
入境	rùjìng	(动)	3
软卧	ruǎnwò	(名)	9

S

扫墓	sǎo//mù	(动)	15
扫兴	sǎo//xìng	(动)	9
杀手	shāshǒu	(名)	17
沙漠化	shāmòhuà	(动)	16
少数民族	shǎoshù mínzú		15
奢侈品	shēchǐpǐn	(名)	3
设立	shèlì	(动)	9
设计	shèjì	(动)	3
射	shè	(动)	8
摄像师	shèxiàngshī	(名)	7
摄影师	shèyǐngshī	(名)	7
升值	shēngzhí	(动)	18
生存	shēngcún	(动)	19
生态	shēngtài	(名)	9
生物钟	shēngwùzhōng	(名)	12

生涯	shēngyá （名）	13
声誉	shēngyù （名）	9
圣诞节	Shèngdàn Jié （专名）	15
盛大	shèngdà （形）	15
失利	shīlì （动）	8
失眠	shī//mián （动）	10
实施	shíshī （动）	5
世面	shìmiàn （名）	13
事故	shìgù （名）	4
事先	shìxiān （副）	11
侍女	shìnǚ （名）	20
视野	shìyě （名）	14
适度	shìdù （形）	12
手机	shǒujī （名）	5
手忙脚乱	shǒu máng jiǎo luàn	4
手艺	shǒuyì （名）	2
守岁	shǒu//suì （动）	5
熟练	shúliàn （形）	11
熟悉	shúxī （形）	7
数据	shùjù （名）	13
双刃剑	shuāngrènjiàn （名）	14
双重	shuāngchóng （形）	13
水龙头	shuǐlóngtóu （名）	4
睡眠	shuìmián （名）	10
说服力	shuōfúlì （名）	1
硕士	shuòshì （名）	11
思考	sīkǎo （动）	14
寺庙	sìmiào （名）	15
送货上门	sòng huò shàng mén	14
苏格兰	Sūgélán （专名）	10
素	sù （形）	2
素质	sùzhì （名）	13
速冻	sùdòng （形）	2
酸	suān （形）	2
算命	suàn//mìng （动）	18
随时随地	suíshí suídì	14
缩水	suō//shuǐ （动）	3
所谓	suǒwèi （形）	18

T

踏实	tāshi （形）	14
踏青	tàqīng （动）	15
探索	tànsuǒ （动）	18
淘汰	táotài （动）	17
特技	tèjì （名）	6
提倡	tíchàng （动）	6
提供	tígōng （动）	9
提升	tíshēng （动）	13
提醒	tí//xǐng （动）	11
体会	tǐhuì （名）	1
体积	tǐjī （名）	14
挑	tiāo （动）	7
挑刺	tiāo//cì(r) （动）	19
调整	tiáozhěng （动）	15
铁板牛肉	tiěbǎn niúròu	2
筒	tǒng （量）	3
统计	tǒngjì （动）	10
痛快	tòngkuai （形）	5
头晕	tóu yūn	10
投机	tóujī （形）	14

生词表 Vocabulary

投资	tóu//zī	（动）	18
突破	tūpò	（动）	19
团圆	tuányuán	（动）	15
拖延	tuōyán	（动）	16
脱口而出	tuō kǒu ér chū		20

W

外界	wàijiè	（名）	10
外向	wàixiàng	（形）	1
网	wǎng	（名）	5
网恋	wǎngliàn	（动）	14
网络	wǎngluò	（名）	14
网民	wǎngmín	（名）	15
网瘾	wǎngyǐn	（名）	14
伪科学	wěi kēxué		18
尾气	wěiqì	（名）	16
未婚	wèihūn	（动）	7
味精	wèijīng	（名）	2
稳定	wěndìng	（形）	17
污染	wūrǎn	（动、名）	6
污水	wūshuǐ	（名）	16
巫术	wūshù	（名）	18
无线	wúxiàn	（形）	14
误导	wùdǎo	（动）	19

X

吸	xī	（动）	12
吸引	xīyǐn	（动）	3
喜悦	xǐyuè	（形）	12
瞎	xiā	（副）	12
下载	xiàzài	（动）	14
显得	xiǎnde	（动）	11
显示	xiǎnshì	（动）	20
现场	xiànchǎng	（名）	20
现象	xiànxiàng	（名）	7
限行	xiànxíng	（动）	16
限制	xiànzhì	（动）	9
香饽饽	xiāng bōbo		13
香菇菜心	xiānggū càixīn		2
享受	xiǎngshòu	（名、动）	5
享有	xiǎngyǒu	（动）	9
向往	xiàngwǎng	（动）	13
消费	xiāofèi	（动）	3
谐音	xiéyīn	（动）	15
携带	xiédài	（动）	14
心理	xīnlǐ	（名）	12
心理学家	xīnlǐxuéjiā	（名）	12
心气儿	xīnqìr	（名）	13
心脏病	xīnzàngbìng	（名）	4
欣赏	xīnshǎng	（动）	19
新郎	xīnláng	（名）	7
新娘	xīnniáng	（名）	7
新人	xīnrén	（名）	7
信息	xìnxī	（名）	11
信用	xìnyòng	（名）	14
星座	xīngzuò	（名）	18
幸运	xìngyùn	（形）	18
宣传片	xuānchuánpiàn	（名）	19
学以致用	xué yǐ zhì yòng		2

Y

烟囱	yāncōng	(名)	16
研究生	yánjiūshēng	(名)	11
演讲	yǎnjiǎng	(名)	1
咽	yàn	(动)	10
宴请	yànqǐng	(动)	3
养	yǎng	(动)	5
养生	yǎngshēng	(动)	17
氧气	yǎngqì	(名)	12
业务	yèwù	(名)	11
一个劲儿	yígejìnr	(副)	17
一伙儿	yì huǒr		3
一见钟情	yí jiàn zhōngqíng		14
一举两得	yì jǔ liǎng dé		9
一路畅通	yí lù chàngtōng		18
一窍不通	yí qiào bù tōng		7
一时	yìshí	(名)	13
医学	yīxué	(名)	10
依次	yīcì	(副)	13
依然	yīrán	(副)	8
遗产	yíchǎn	(名)	15
以便	yǐbiàn	(连)	11
译制片	yìzhìpiàn	(名)	19
因特网	yīntèwǎng	(名)	11
引导	yǐndǎo	(动)	19
引发	yǐnfā	(动)	12
引起	yǐnqǐ	(动)	10
英雄所见略同	yīngxióng suǒ jiàn lüè tóng		8
拥有	yōngyǒu	(动)	6
优点	yōudiǎn	(名)	11
悠久	yōujiǔ	(形)	19
犹豫	yóuyù	(动)	18
犹豫不决	yóuyù bù jué		8
邮件	yóujiàn	(名)	14
幼稚	yòuzhì	(形)	19
娱乐	yúlè	(名)	19
瑜伽	yújiā	(名)	17
与众不同	yǔ zhòng bù tóng		19
予以	yǔyǐ	(动)	13
宇航员	yǔhángyuán	(名)	18
宇宙	yǔzhòu	(名)	18
预言	yùyán	(名、动)	18
运	yùn	(动)	3
运势	yùnshì	(名)	18
晕机	yùn//jī	(动)	4

Z

灾害	zāihài	(名)	16
再婚	zàihūn	(动)	7
再生	zàishēng	(动)	16
遭受	zāoshòu	(动)	16
早市	zǎoshì	(名)	3
责任心	zérènxīn	(名)	19
增长	zēngzhǎng	(动)	1
增强	zēngqiáng	(动)	17
憎恨	zènghèn	(动)	12
赠给	zènggěi	(动)	9
扎	zhā	(动)	4

生词表 Vocabulary

占星术	zhānxīngshù	（名）	18
站	zhàn	（名）	6
长辈	zhǎngbèi	（名）	5
涨	zhǎng	（动）	18
招聘	zhāopìn	（动）	11
睁	zhēng	（动）	3
拯救	zhěngjiù	（动）	16
证据	zhèngjù	（名）	18
症状	zhèngzhuàng	（名）	10
支付	zhīfù	（动）	7
知根知底	zhī gēn zhī dǐ		17
职称	zhíchēng	（名）	13
职位	zhíwèi	（名）	11
职业	zhíyè	（形、名）	8
植物	zhíwù	（名）	10
指数	zhǐshù	（名）	13
志愿	zhìyuàn	（动）	17
志愿者	zhìyuànzhě	（名）	17
智慧	zhìhuì	（名）	20
智商	zhìshāng	（名）	20
中央电视台	Zhōngyāng Diànshìtái （专名）		5
终成眷属	zhōng chéng juànshǔ		20
重视	zhòngshì	（动）	12
咒	zhòu	（动）	17
咒语	zhòuyǔ	（名）	18
逐步	zhúbù	（副）	17
主动	zhǔdòng	（形）	7
主考官	zhǔkǎoguān	（名）	11
主食	zhǔshí	（名）	2
主页	zhǔyè	（名）	11
祝愿	zhùyuàn	（动）	15
专场	zhuānchǎng	（名）	3
专门	zhuānmén	（副）	14
转行	zhuǎn//háng	（动）	13
转运	zhuǎn//yùn	（动）	18
壮观	zhuàngguān	（形）	15
状态	zhuàngtài	（名）	12
姿势	zīshì	（名）	11
字幕	zìmù	（名）	20
自发	zìfā	（形）	17
自然	zìrán	（副）	1
自信	zìxìn	（动）	11
自知之明	zì zhī zhī míng		12
自主	zìzhǔ	（形）	14
走马观花	zǒu mǎ guān huā		17
足不出户	zú bù chū hù		14
祖先	zǔxiān	（名）	15
遵从	zūncóng	（动）	7

对外汉语短期强化系列教材

A series of Chinese textbooks for short-term intensive training programs for foreigners

SHORT-TERM LISTENING CHINESE

第二版
2nd Edition

汉语听力速成

提高篇
Pre-Intermediate

录音文本及练习答案

毛悦■主编　井梦然　刘长征■编著

北京语言大学出版社
BEIJING LANGUAGE AND CULTURE
UNIVERSITY PRESS

目录 Contents

第 一 课　校园生活　(1)
Lesson 1　Life on Campus

第 二 课　饮食　(7)
Lesson 2　Food and Drink

第 三 课　购物　(13)
Lesson 3　Going Shopping

第 四 课　寻求帮助　(17)
Lesson 4　Asking for Help

第 五 课　休闲娱乐　(21)
Lesson 5　Leisure and Entertainment

第 六 课　交通状况　(25)
Lesson 6　Traffic

第 七 课　婚姻与家庭　(29)
Lesson 7　Marriage and Family

第 八 课　体育运动　(33)
Lesson 8　Sports

第 九 课　参观旅游　(37)
Lesson 9　Visiting and Traveling

第 十 课　疾病与治疗　(41)
Lesson 10　Diseases and Medication

第十一课　职业与工作　(45)
Lesson 11　Occupation

第十二课　健康　*(49)*
Lesson 12　Health Care

第十三课　教育与就业　*(52)*
Lesson 13　Education and Employment

第十四课　谈网络　*(56)*
Lesson 14　Talking about the Internet

第十五课　风俗与禁忌　*(62)*
Lesson 15　Customs and Taboos

第十六课　自然与环境　*(68)*
Lesson 16　Nature and Environment

第十七课　现代生活　*(73)*
Lesson 17　Modern Life

第十八课　科学与迷信　*(78)*
Lesson 18　Science and Superstition

第十九课　影视娱乐　*(83)*
Lesson 19　Film and Television

第二十课　经典人物　*(88)*
Lesson 20　Classic Characters

录音文本及答案

第一课　校园生活

三、热身练习

（一）词语练习

2. 听句子，写出刚学过的生词。

(1) 他的口语进步很快，一定有什么<u>秘诀</u>。

(2) 多跟中国人在一起，说汉语的机会<u>自然</u>就多了。

(3) 小王很<u>开朗</u>，不管和<u>熟</u>人在一起还是和生人在一起，他都很<u>健谈</u>。

(4) 我认为你这种想法是<u>片面</u>的。

(5) 他是<u>地道</u>的北京人。

(6) 旅游可以<u>开阔眼界</u>，增长知识。

(7) 北京话的特点是<u>儿化音</u>比较多。

(8) 他喜欢跟别人<u>辩论</u>，他举的例子很有<u>说服</u>力。

(9) 老师常常<u>强调</u>多听多说的重要性。

(10) 不管多忙，都不能<u>忽视</u>体育锻炼。

（二）句子练习

听第一遍后选择正确答案，听第二遍后模仿。

1. 会说汉语和会教汉语是两回事。
   问：这句话的意思是什么？　　　　　　　　　　　　　　　　(B)

2. 旅游不但可以锻炼自己，还能让我学到很多课本上学不到的东西。
   问：这句话的意思是什么？　　　　　　　　　　　　　　　　(C)

3. 受妈妈的影响，玛丽从小就喜欢音乐。
   问：从这句话我们可以知道什么？　　　　　　　　　　　　　(A)

4. 大卫的发音有问题，他常常把 zh、ch、sh 说成 z、c、s。
   问：大卫有问题的发音是——　　　　　　　　　　　　　　　(C)

5. 女：从北京到上海要花多长时间？

1

男：那要看你怎么去了。坐火车要十个小时，坐飞机两个小时多一点儿就到了。

问："那要看你怎么去了"是什么意思？ (B)

6. 我认为你这样做是得不偿失的。

问：说话人认为—— (B)

7. 我认为他过分强调了旅游对学习汉语的作用。

问：从这句话我们可以知道说话人的想法是什么？ (C)

四、听课文做练习

课文一

（情景：课间休息的时候，玛丽和约翰一起聊天儿。）

玛丽：约翰，你汉语说得这么好，一定有什么秘诀吧？

约翰：谈不上什么秘诀。如果一定要说的话，就是"四多"。

玛丽："四多"是什么意思？

约翰：就是多听、多说、多看、多玩儿。

玛丽：多玩儿？多玩儿也能学好汉语吗？

约翰：那要看你怎么玩儿了。[1]

玛丽：你是怎么玩儿的？

约翰：我交了很多中国朋友，常常和中国朋友一起出去玩儿。比如买东西、打篮球、参观名胜古迹什么的。这样一来，[2]说汉语的机会自然就多了，还能学到很多课堂上学不到的东西。

玛丽：这的确是个好办法。

1. 听后选择正确答案。

(1) 约翰的汉语说得怎么样？ (A)

(2) 约翰学汉语的秘诀是什么？ (D)

(3) 下面哪一个是约翰的观点？ (D)

(4) 约翰认为多玩儿的好处是什么？ (B)

(5) 关于约翰常和中国朋友一起出去玩儿，对话中没有提到的是—— (B)

2. 根据对话填空。

约翰汉语说得很好，他的秘诀是"四多"，就是 多听 、 多说 、 多看 、 多玩儿 。他常常和 中国朋友 一起出去玩儿，比如 买东西 、 打篮球 、 参观名胜古迹 什么的，这样一来， 说汉语的机会 自然就多了，还能 学到很多课堂上学不到的东西 。

课文二

（情景： 玛丽和约翰继续聊天儿。）

玛丽：我觉得外语学得好坏，和一个人的性格有很大关系[3]。

约翰：为什么这么说？

玛丽：性格外向的人比较开朗、健谈，所以朋友比较多，口语水平一般比较高。而性格内向的人一般不爱说话，喜欢独处，这样的人往往阅读水平比较高，口语水平比较低。

约翰：你说的还真有点儿道理。你看我的性格是内向还是外向？

玛丽：这很难说。

约翰：为什么？

玛丽：我看你和熟人在一起的时候是外向的，和生人在一起的时候是内向的。

约翰：既外向又内向，那我的口语水平和阅读水平一定都很高。

1. 听后选择正确答案。

(1) 外语学得好坏和什么有关系？ (D)
(2) 关于性格外向的人，下面的说法哪一个不正确？ (C)
(3) 关于性格内向的人，下面的说法哪一个不正确？ (B)
(4) 关于男的的性格，下面的说法正确的是—— (C)
(5) 男的最后一句话意思是—— (C)

2. 连线。

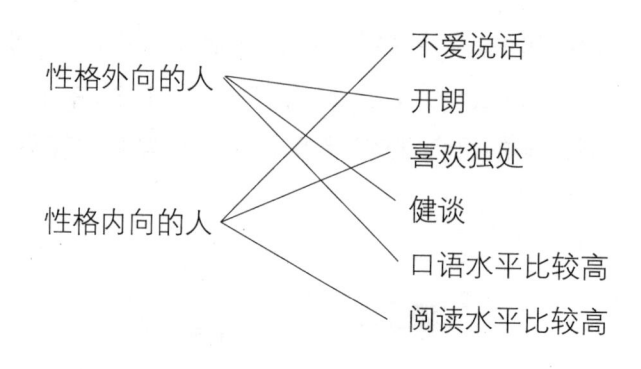

性格外向的人 —— 不爱说话
　　　　　　　　开朗
　　　　　　　　喜欢独处
性格内向的人 —— 健谈
　　　　　　　　口语水平比较高
　　　　　　　　阅读水平比较高

课文三 🎧

A：老师，我发现很多中国人说话的发音跟我们上课时学的不一样。

B：这没什么可奇怪的。北京有很多外地人，他们受方言的影响[4]，普通话说得不太标准。比如，东北人容易把 zh、ch、sh 说成 z、c、s[5]，广东人容易把 j、q、x 说成 g、k、h[5]，四川人 l、n 不分。

A：我也听说过，中国各地有各地的方言。可我认识一个出租汽车司机，是地道的北京人，我觉得他说的话也和老师上课说的不一样。

B：可能他说得太快，而且"儿化音"比较多，这是北京话的特点。

A：看来，普通话跟北京话是两回事啊[6]。

B：可以这么说。

听后选择正确答案。 🎧

(1) 很多中国人说话的发音跟学生上课时学的不完全一样，因为——　　(C)

(2) 容易把 zh、ch、sh 说成 z、c、s 的是——　　(C)

(3) 容易把 j、q、x 说成 g、k、h 的是——　　(B)

(4) 容易把 n 说成 l 的是——　　(D)

(5) 关于北京话和普通话，下面说法正确的是——　　(B)

课文四 🎧

女主持人：同学们来中国，主要是为了学习汉语，当然，也要利用这个机会，参观一下中国的名胜古迹。如果有人说，旅游也是学习汉语的一种很好的方法，你同意吗？下面请听日本同学吉田康一的演讲《旅游也是一种学习》。

吉田康一：同学们，你们好。我今天演讲的题目是《旅游也是一种学习》。大家想一想，你来中国以后去旅游过几次？看过哪些名胜古迹？中国有许多名胜古迹和历史传说，没有去旅游过的同学一定会感到非常遗憾。有的朋友可能会说："旅游有什么用？既花钱，又浪费时间，而且还影响我的汉语学习。"我认为这种看法是片面的。我相信，年轻的朋友，特别是学生，应该迈开你的双腿去访问历史。旅游有许多优点，这里只谈两个：一是开阔眼界，增长知识；二是锻炼自己，提高能力。……

听后选择正确答案。 🎧

(1) 上面听到的最可能是哪种情况？ (B)
(2) 现在演讲的同学是—— (C)
(3) 他演讲的题目是—— (C)
(4) "我认为这种看法是片面的。"这句话的意思是—— (D)
(5) 根据课文，下面哪句话是正确的？ (D)

课文五 🎧

（情景：听完演讲比赛，玛丽和约翰一起聊天儿。）

约翰：玛丽，你觉得今天的演讲比赛怎么样？

玛丽：我觉得今天的演讲比赛很成功。同学们都作了充分的准备，有的同学的演讲可以说相当精彩。

约翰：可不是。我觉得那个日本同学的《旅游也是一种学习》讲得最好，都是他自己的亲身体会，很有说服力。

玛丽：我也觉得他讲得不错。可是有些观点我不完全同意。

约翰：你说说看。

玛丽：我认为他过分强调了旅游对学习汉语的作用，忽视了课堂学习的重要性。其实要想学好汉语，最重要的首先还是应该上好汉语课，要是为了旅游而耽误了上课，恐怕是得不偿失的。

约翰：应该再搞一个辩论比赛。要是你跟他辩论，一定更精彩！

听后判断对错。

(1) √   (2) ×   (3) ×   (4) ×   (5) ×
(6) ×   (7) √   (8) ×   (9) √   (10) ×

录音文本及答案

第二课　饮　食

三、热身练习

（一）词语练习

2. 听句子，写出刚学过的生词。

(1) 你有什么困难，<u>尽管</u>告诉我。
(2) 我最喜欢的中国菜是<u>铁板牛肉</u>，可是我的男朋友不喜欢。
(3) 他正在为找工作的事<u>发愁</u>，连饭也不想吃。
(4) <u>主食</u>有馒头、米饭和面条。
(5) <u>速冻</u>食品虽然很方便，可是味道差一点儿。
(6) 学外语要注意<u>学以致用</u>。
(7) 把糖放进水里，用勺子<u>搅</u>一<u>搅</u>。
(8) 请你帮我<u>盛</u>一碗米饭。
(9) 他点了<u>一荤一素</u>两个菜，还要了一瓶啤酒。
(10) 今天请你尝尝我的<u>手艺</u>。

（二）句子练习

听第一遍后选择正确答案，听第二遍后模仿。

1. 骑自行车去吧，路太远了；坐出租车去吧，又太贵了。
   问：说话人是什么意思？　　　　　　　　　　　　　　　　　　(C)

2. 小王说去吃韩国菜，小李说去吃日本菜。最后我们决定听小李的。
   问：最后他们决定去吃什么？　　　　　　　　　　　　　　　　(B)

3. 这个菜看起来很漂亮，吃起来也一定很香。
   问：说话人觉得这个菜怎么样？　　　　　　　　　　　　　　　(C)

4. 嗯，色、香、味俱佳，你的手艺还真不错。
   问：说话人在做什么？　　　　　　　　　　　　　　　　　　　(C)

5. 你做什么，我就吃什么，只要别放醋就行。
   问：从这句话我们知道什么？　　　　　　　　　　　　　　　　(D)

6. 自己包饺子太麻烦了,还是买速冻的吧。

问:从这句话我们知道什么? (C)

四、听课文做练习

课文一

(情景: 在饭馆。)

服务员:这是菜单。两位吃点儿什么?

男:你想吃什么,尽管点,今天我请客。

女:还是你来点吧,我头一次在这个饭馆吃饭,不知道这里有什么好吃的。你点什么,我吃什么。[1]

男:好吧。你有没有什么不吃的东西?

女:没有,别太辣就行。

男:那来一个铁板牛肉,一个鱼香肉丝,再来一个香菇菜心,一个清炒西蓝花。两荤两素,你看怎么样?

女:太多了吧?

男:没关系,吃不了打包带回去。主食吃点儿什么?

女:就吃米饭吧。

男:再来两碗米饭,一瓶啤酒,要"燕京"的。

服务员:您要了一个铁板牛肉,一个鱼香肉丝,一个香菇菜心,一个清炒西蓝花,还有两碗米饭,一瓶燕京啤酒。

男:没错儿。麻烦您快点儿,越快越好。

服务员:您稍等,马上就来。

男:谢谢。对了,鱼香肉丝少放点儿辣椒。

听后选择正确答案。

(1) 这段对话发生在什么地方? (C)

(2) 这顿饭谁付钱? (A)

(3) 女的为什么让男的点菜? (C)

(4) 关于女的，下面哪种说法正确？ (C)

(5) 下面四个菜，他们没要哪一个？ (B)

(6) 男的说："再来两碗米饭，一瓶啤酒，要'燕京'的。"这句话里的"燕京"是什么意思？ (B)

(7) 他们一共点了几个菜？ (A)

课文二

（情景：两个人商量去哪儿吃饭。）

男：我每天都为吃饭的事发愁。

女：吃饭有什么可愁的？

男：去食堂吃吧，虽然很便宜，可是味道不太好；去饭馆吃吧，味道不错，可是价格很贵。[2] 要是有个既便宜又好吃的地方就好了。

女：我给你介绍一个又便宜又好吃的地方，怎么样？

男：那可太好了！是什么地方？

女：就在咱们的宿舍楼里。

男：咱们的宿舍楼里？我怎么不知道咱们的宿舍楼里有饭馆？

女：不是饭馆。咱们的宿舍楼里不是每层都有一个公用厨房吗？

男：你的意思是……自己做？

女：对了。自己想吃什么就做什么，而且花钱不多，不是又便宜又好吃吗？

男：话是这么说，可我从来没做过饭。[3] 要是我自己做饭，可能很便宜，但肯定不好吃。

女：没做过可以学嘛！这样吧，明天先请你尝尝我的手艺，以后我们可以合作，怎么样？

男：那太好了。我可以跟你学学做饭的手艺。

1. 听后判断对错。

(1) ×　　(2) √　　(3) ×　　(4) ×　　(5) ×　　(6) ×
(7) √　　(8) √　　(9) ×　　(10) ×　　(11) √　　(12) √

2. 连线。

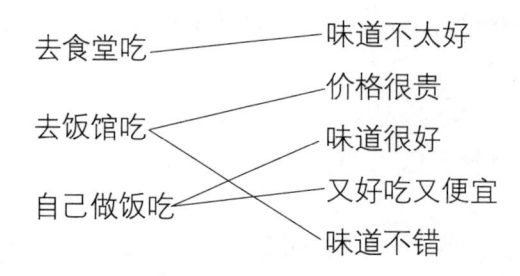

去食堂吃 —— 又好吃又便宜

去饭馆吃 —— 味道不错 / 价格很贵

自己做饭吃 —— 味道不太好

（去食堂吃——又好吃又便宜；去饭馆吃——味道不错、价格很贵；自己做饭吃——味道不太好）

3. 填空。

去食堂吃吧，虽然 _便宜_ ，可是 _味道不太好_ ；去饭馆吃吧， _味道不错_ ，可是 _价格很贵_ 。要是有个 _既便宜又好吃_ 的地方就好了。

课文三

女：王老师，上次在您家里吃的西红柿炒鸡蛋真不错，可以说是色、香、味俱佳。是您爱人做的吧？

男：哪儿啊！是我做的。西红柿炒鸡蛋是我的拿手菜。

女：真没想到，您也会做菜。您能教教我这道菜吗？

男：当然可以。这是一道家常菜，材料和做法都很简单。准备两个西红柿和两个鸡蛋，先把西红柿洗干净，切成块儿放在盘子里；把鸡蛋打在碗里搅好，再切一点儿葱花备用。然后在锅里倒上油，烧热，把鸡蛋倒进去，炒一两分钟盛出来。再往锅里少放一点儿油，烧热以后放葱花和西红柿，翻炒3到5分钟，放一点儿盐和味精；如果怕太酸，还可以放一点儿糖。最后再把鸡蛋倒进去，翻炒几下就可以了。你看，是不是很简单？

女：听起来[4]一点儿也不简单。

男：听起来很复杂，做起来[4]连一刻钟都用不了。你回去试试吧。

女：好的。我学会以后，一定请您尝一尝。

1. 听后选择正确答案。

(1) 男的和女的是什么关系？　　　　　　　　　　　　　　　　(D)

(2) 关于男的，下面哪种说法不正确？　　　　　　　　　　　　(B)

(3) 关于女的，下面哪种说法是正确的？　　　　　　　　　　　(B)

(4) 做西红柿炒鸡蛋需要多长时间？　　　　　　　　　　　　　　　（B）

(5) 圈出你听到的做这道菜的材料。　　　　　　　　　（味精、油、盐、葱、糖）

2. 按照做菜的顺序标上数字。

（ 4 ）　炒鸡蛋

（ 1 ）　把西红柿切成块儿

（ 5 ）　把鸡蛋盛出来

（ 3 ）　把鸡蛋放进锅里去

（ 6 ）　炒西红柿

（ 7 ）　放一点儿盐和味精

（ 2 ）　把鸡蛋打在碗里

课文四

玛丽：约翰，这个星期六晚上你有空儿吗？

约翰：这个星期六晚上我没什么事。怎么，你有事吗？

玛丽：王老师让我转告你，如果你有空儿，他邀请我们去他家里吃饺子。

约翰：是吗？那可太好了！来中国三个多月，我还没去中国人家里做过客呢，也没吃过饺子。

玛丽：我倒是吃过，不过是从商店买的速冻饺子。

约翰：味道怎么样？

玛丽：还不错。我想，中国人家里自己包的饺子一定更好吃。

约翰：我也这么想。星期六咱们就能亲口尝一尝了。

玛丽：那我今天晚上就给王老师打电话，约定见面的时间。七点怎么样？

约翰：好吧。对了，我们是不是应该准备一点儿礼物呢？

玛丽：这我早就想好了。

约翰：送点儿什么？

玛丽：老师给我们上课的时候，不是介绍过吗？现在很多中国人去朋友家做客的时候喜欢送一束鲜花。我们就准备一束鲜花吧。

约翰：你真是学以致用。好吧，就听你的[5]。

听后选择正确答案。

(1) 约翰说他这个星期六晚上—— (D)

(2) 玛丽和约翰星期六晚上要做什么？ (D)

(3) 关于玛丽，下面说法中正确的是—— (B)

(4) 关于约翰，下面说法中不正确的是—— (C)

(5) 玛丽猜想速冻饺子怎么样？ (C)

(6) 关于他们见面的时间，下面的说法正确的是—— (B)

(7) 玛丽和约翰去王老师家带什么礼物？ (A)

录音文本及答案

第三课 购 物

三、热身练习

(一) 词语练习

2. 听句子，写出刚学过的生词。

(1) 农民很早就把蔬菜、水果运到市场。
(2) 今年公司的出口创汇达到 800 万美元。
(3) 孩子考上了理想的大学，父母打算周末宴请亲戚朋友庆祝一下。
(4) 学校附近新开了一家美食城，中午我们去尝尝吧。
(5) 夫妻两个人都是工薪族，买房子的事现在还不敢想。
(6) 出国旅游团的人数规模越来越大。
(7) 这种设计显得客厅的空间更大了。
(8) 中国的奢侈品消费增长速度很快。
(9) 新年前很多商店都打折。
(10) 他假装没看见我，不跟我打招呼。

(二) 句子练习

听第一遍后选择正确答案，听第二遍后模仿。

1. 这条裙子太花了，对我这个年纪的人不太合适。
   问：说话人是什么意思？ (C)

2. 李明完全是靠自己的能力考上来的，没有什么背景。
   问：这句话是什么意思？ (D)

3. 今天下午的两场电影是儿童专场，不对外卖票。
   问：这句话的意思是—— (B)

4. 他卖东西总是不够秤，别人买一斤，他给 9 两。
   问：这句话的意思是什么？ (D)

5. 他们两个人是一伙儿的。
   问：这句话的意思是什么？ (B)

13

四、听课文做练习

课文一

（情景：两位老人从早市买菜回来。）

A：您每天都去早市买菜呀？

B：是啊。我每天起床第一件事就是去逛早市。

A：早市上的东西多吗？

B：多，吃的、用的、穿的，什么东西都有，最多的还是蔬菜和水果。

A：便宜吗？

B：比市场便宜多了，有很多郊区农民直接把菜运到那儿卖，又便宜又新鲜，还可以砍价。

A：我老觉得在那种地方买东西不够秤。

B：你可以自己带个小秤啊，这样就不用担心了。我就有一个。

听后判断对错。

(1) √   (2) ×   (3) √   (4) √   (5) √   (6) ×

课文二

女：这几年北京新建的高档商场可真不少！

男：是啊，以前就叫个"商场"啊、"购物中心"什么的，现在的名字叫得可花了，又是"天地"又是"广场"的，光看名字都不知道是什么地方。

女：现在的商场本来就和以前的不同，不光是百货，还包括咖啡厅啊、美食城啊、美发厅啊好多东西，有些规模更大的还有电影院、滑冰场呢！

男：你说的没错，可它的主要作用还是"百货商场"吧？可这里的东西都是只能看，不能买。

女：什么意思？

男：太贵了呗！名牌倒是不少，可一看价钱，吓死人！工薪族花得起那个钱呀！而且很多同样的东西也比别的地方贵出不少钱。

女：贵是贵点儿，可这种地方购物环境好啊。空间大，不拥挤，不嘈杂，还播着轻柔的背景音乐，就是不买什么，在里边逛逛，吃个冰激凌，也挺开心的。

1. 根据对话填空。

现在的大商场跟以前相比有很大的不同，不光是 百货 ，还包括 咖啡厅 、 美食城 、 美发厅 等许多经营内容，有的规模更大的商场还有 电影院 、 滑冰场 呢！

2. 听后选择正确答案。 🎧

(1) 关于大商场，下面哪一种意思没有提到？　　　　　　　　　　(D)

(2) 女的为什么喜欢去大商场？　　　　　　　　　　　　　　　　(D)

(3) 男的对大商场的态度是怎么样的？　　　　　　　　　　　　　(B)

课文三 🎧

中国春节似乎成为世界多国商场的节日。2010年春节7天，中国千人旅游团为美国贡献600万美元；在日本，有游客花费近百万日元购买相机；在欧洲，1万欧元的手表竟被集体购买。面对如此强大的购买力，各国也设计了多种活动吸引中国游客。例如中国游客专享打折卡、中国游客专场、政府部门宴请等。

专家表示，随着中国经济的增长，中国正在成为游客净出口国。从2009年开始，出境消费已经超过入境旅游创汇。中国游客大笔消费有以下四方面因素。第一，能够出国旅游的人，本身消费能力就强；第二，受签证、假期、时间等影响，出一次国很不容易；第三，中国人习惯为亲戚朋友带回些礼物；第四，国外奢侈品价格低于国内，有些新产品国内甚至买不到。

1. 听后判断对错。

(1) √　　(2) ×　　(3) √　　(4) √　　(5) √　　(6) ×

课文四 🎧

（情景：商店里，一个顾客要求换毛衣。）

顾　　客：小姐，这是我上个月在你们这儿买的毛衣，洗了一次就缩水了。

售货员：带发票了吗？

顾　　客：带了。能不能换一件？

售货员：对不起，您这是在我们打折的时候买的，不能换。

顾　　客：为什么不能换？你们这儿写着"质量问题，一个月包换"。

售货员：这是我们店的规定，打折的商品不退不换。

顾　　客：可是你们当时说的是"价钱打折，质量不打折"。

售货员：这个我做不了主，您去问我们经理吧。

听后判断对错。

　　(1) ×　　(2) ×　　(3) ×　　(4) √　　(5) √　　(6) √

课文五

女：来，尝尝我新买的茶叶。200块钱一斤，我150块就买了，还是雨前茶呢。

男：我看看。这哪是什么雨前茶？在商店80块钱就能买到。

女：不会吧？好几个人都在买。有一个人还说以前买过，挺好喝，再来买几斤送朋友，他一个人就买了三斤。

男：你碰上"托儿"了。

女：什么是"托儿"？

男：你说的那个人就是个托儿，他和卖茶的是一伙儿的，假装顾客买茶，说茶好，就是为了骗别人来买。

女：真的？

男：以后买东西睁大眼睛，不要别人说什么就信什么。

听后选择正确答案。

　　(1) 女的觉得她买的茶怎么样？　　　　　　　　　　　　(C)

　　(2) 关于女的，我们可以知道什么？　　　　　　　　　　(D)

　　(3) 什么是"托儿"？　　　　　　　　　　　　　　　　(D)

　　(4) 男的觉得买东西时应该怎么样？　　　　　　　　　　(B)

录音文本及答案

第四课　寻求帮助

三、热身练习

（一）词语练习

2. 听句子，写出刚学过的生词。 🎧

(1) 我的车昨天刚打的气，今天又瘪了。
(2) 我的手被扎破了。
(3) 这个水龙头坏了，不出水，可能堵了。
(4) 他洗澡的时候感冒了，老打喷嚏。
(5) 这件事很紧急，你一定要马上通知他。
(6) 因为晕机，我妈妈从来不坐飞机。
(7) 他昨天半夜心脏病突然发作，被送进了医院。
(8) 酒后开车很容易发生事故。
(9) 市中心的交通堵塞情况很严重。
(10) 不用担心，你的病休息几天就会恢复的。

（二）句子练习

听第一遍后选择正确答案，听第二遍后模仿。 🎧

1. 这么大的房子，我估计至少要150万。
　　问：下面哪句话意思正确？　　　　　　　　　　　　　(C)

2. 快点儿，再不走就来不及了。
　　问：这句话是什么意思？　　　　　　　　　　　　　　(B)

3. 我介绍的人错不了，这事就包在他身上了。
　　问：这句话是什么意思？　　　　　　　　　　　　　　(B)

4. 你要是早点儿收拾好行李，现在就不用这么手忙脚乱了。
　　问：这句话是什么意思？　　　　　　　　　　　　　　(D)

5. 这件事只要让她知道，全世界就都知道了，你千万不能告诉她。
　　问：下面哪个答案是正确的？　　　　　　　　　　　　(A)

四、听课文做练习

课文一 🎧

(情景：玛丽的自行车坏了，她来到学校门口的自行车修理部。)

玛丽：师傅，我的自行车坏了，麻烦您帮我修一修。

师傅：什么地方坏了？

玛丽：您看，前带瘪了。我昨天晚上刚打的气。

师傅：我看看。气门芯儿没问题，估计是车胎扎破了。

玛丽：大概多长时间能修好？

师傅：至少要一刻钟[1]。

玛丽：那来不及了[2]，我还要去上课，现在就已经迟到了。

师傅：你先把车放在这儿吧，下课以后再来取。

玛丽：只能这样了，我得跑步去教室。对了，车铃也不响了，您也给修修吧。

师傅：没问题，你赶紧上课去吧。

玛丽：谢谢您，再见。

师傅：再见。

听后判断对错。

(1) √   (2) ×   (3) ×   (4) √
(5) √   (6) ×   (7) √   (8) √

课文二 🎧

(情景：玛丽的洗手间用具有问题，她来找宿舍楼的服务员。)

玛　丽：服务员，我房间洗手间淋浴的喷头坏了。

服务员：怎么了？

玛　丽：里边可能堵了，出水特别小，洗澡的时候冻得直打喷嚏。

服务员：我明天找人来修修。

玛　丽：还有，水龙头也有点儿问题。

服务员：水龙头怎么了？

玛　丽：一打开就响，声音特别大。
服务员：那让他们明天一块儿看看吧。

听后判断对错。

(1) ×　　(2) ×　　(3) ×　　(4) √　　(5) √　　(6) ×

课文三

（情景：张明给陈东打电话，请他帮忙。）

张明：喂，陈东吗？我是张明。
陈东：我早听出是你了。最近怎么样？
张明：还是老样子。真不好意思，这次打电话是有点儿事想请你帮忙。
陈东：什么事？说吧。只要是我办得到的，一定办。
张明：是这样的。我父母十几年没回老家了，想回去看看。我妈坐飞机又晕机，只能坐火车，得在北京转车。他们不想在北京耽误太多时间，想到北京以后当天就能出发，所以想麻烦你帮忙买两张去烟台的火车票。
陈东：放心吧，这事包在我身上了。
张明：这次真是太麻烦你了。
陈东：老同学了，还这么客气。大三那年暑假旅行，我还在你们家住了两天呢。对了，你父母什么时候到北京？
张明：23号，下午1点15分。
陈东：23号，星期六，没问题。到时候我去车站接他们，再把他们送上去烟台的火车。

1. 听后判断对错。

(1) √　　(2) √　　(3) ×　　(4) ×　　(5) ×　　(6) ×

2. 听问题，选择正确答案。

(1) "还是老样子"中的"老样子"的意思是——　　　　　　　　　　(D)
(2) "包在我身上了"的意思是——　　　　　　　　　　　　　　　(A)
(3) "大三"的意思是——　　　　　　　　　　　　　　　　　　　(C)

课文四

如果今天你全家想出去玩儿，可又不知道天气怎么样，这个时候你怎么办呢？告诉你吧，电话可以帮你的大忙。只要拨打12121，电话里马上就会传出中、英文的天气预报[3]，你就可以放心地和家人出发了。如果发生了紧急情况，你又该找谁帮助呢？不要着急，记住下面这几个电话号码，到时候就不会手忙脚乱了。发现有地方着火，千万不能耽误[4]，应该马上拨打119；遇到坏人抢钱，拨打110，警察就会赶来帮助你；有人心脏病发作，拨打120，救护车很快就会停在身边；出门碰上交通事故，拨打122，堵塞的交通很快就会恢复。还有一个电话号码也一定要记住：114，如果想知道哪儿的电话号码，只要拨它就行了。

听后连线。

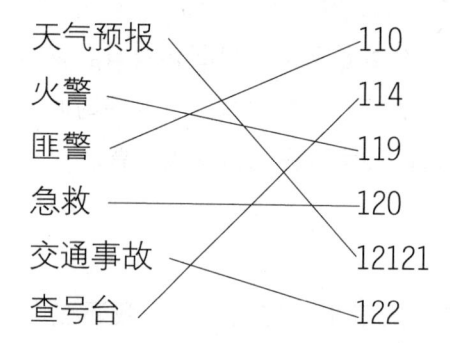

天气预报	110
火警	114
匪警	119
急救	120
交通事故	12121
查号台	122

录音文本及答案

第五课　休闲娱乐

三、热身练习

（一）词语练习

2. 听句子，写出刚学过的生词。

(1) <u>国务院</u>通过了新的放假办法的<u>决定</u>。

(2) <u>大年三十</u> <u>中央电视台</u>总是有很多好看的节目。

(3) 过春节的时候，我们家有<u>守岁</u>的传统。

(4) 这是我的<u>手机</u>号码，有事给我打电话。

(5) 我刚买了电脑，还没上<u>网</u>。

(6) 跟<u>长辈</u>这样说话不礼貌。

(7) 听古典音乐对我来说是一种<u>享受</u>。

(8) 我爸爸平时喜欢<u>养</u>花、<u>养</u>鱼。

(9) 打个电话<u>拜年</u>不就行了？

(10) 这本书真没意思，没什么<u>可</u>看的。

（二）句子练习

听第一遍后选择正确答案，听第二遍后模仿。

1. 她老家是青岛，大学毕业以后才来到北京。
   问：下面哪句话意思正确？　　　　　　　　　　　　　　　(B)

2. 女：我看这儿的夏天比北京还热。
   男：可不是。
   问：下面哪句话意思正确？　　　　　　　　　　　　　　　(D)

3. 女：想不想去外边吃饭？
   男：那得看吃什么饭了。
   问：男的是什么意思？　　　　　　　　　　　　　　　　　(C)

4. 这是我女朋友最想要的礼物，再贵也得买。
   问：下面哪句话意思正确？　　　　　　　　　　　　　　　(A)

5. 你怎么连他都不认识?

    问：这句话是什么意思? (C)

6. 来中国不但想学汉语，还想多去一些地方参观。

    问：说话人是什么意思? (D)

四、听课文做练习

课文一

2007年12月7日，国务院通过了《国务院关于修改〈全国年节及纪念日放假办法〉的决定》，新办法自2008年1月1日起开始实施。全体公民放假的节日有新年、春节、清明节、劳动节、端午节、中秋节和国庆节。除春节、国庆节放假3天外，其他节日均放假1天。部分公民放假的节日及纪念日有："三·八"妇女节，妇女放假半天；"五·四"青年节，14周岁以上的青年放假半天；"六·一"儿童节，不满14周岁的少年儿童放假1天；"八·一"建军节，军人放假半天。像教师节等其他节日、纪念日，都不放假。少数民族的传统节日，按各民族习惯，由当地政府安排放假时间。

1. 听后填空。

    全体公民放假的节目有 新年 、 春节 、 清明节 、 劳动节 、 端午节 、 中秋节 和 国庆节 ，分别放假 1 天、 3 天、 1 天、 1 天、 1 天、 1 天和 3 天。

2. 连线。

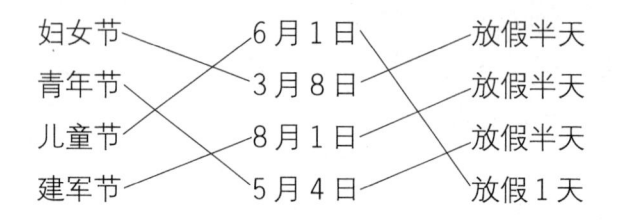

    妇女节 —— 6月1日 —— 放假半天
    青年节 —— 3月8日 —— 放假半天
    儿童节 —— 8月1日 —— 放假半天
    建军节 —— 5月4日 —— 放假1天

课文二

(情景：春节前，两个朋友聊起了过春节的习俗。)

女：你今年春节回老家吗?

男：当然了。我去年刚结婚，我父母还没见过我爱人呢。

女：你们东北春节的时候有什么习俗？

男：现在各地都差不多一样了，我们家是大年三十晚上看中央电视台的春节晚会，12点吃"发财"饺子，然后全家一起守岁。

女：一晚上不睡觉，那不困死了？

男：可不是[1]。第二天一早还得去拜年。

女：打个电话拜年不就行了？还有手机短信拜年、网上拜年，也挺流行的。

男：给朋友拜年这样还行，给亲戚、长辈拜年最好还是亲自去。

1. 听后选择正确答案。

(1) 关于男的，下面哪句话意思正确？　　　　　　　　　　　　　　　(A)

(2) "守岁"的意思是——　　　　　　　　　　　　　　　　　　　　(C)

(3) 中国人春节的时候有什么习俗？　　　　　　　　　　　　　　　　(D)

(4) 男的觉得应该怎样给长辈拜年？　　　　　　　　　　　　　　　　(D)

课文三

女：周末休息的时候你一般做什么？

男：打网球。平时太忙，没有时间，一到假期，可得打个痛快。[2]

女：那不是更累？

男：那得看你喜不喜欢了。对我来说，打网球是一种享受，再累也不觉得。[3]

女：你怎么跟我同屋说的一样？她一到周末只有两件事：白天逛商场，晚上跳舞。天天回来喊腿疼，可下个星期还是一样去。

男：那你周末做什么？

女：我这个人好静，又喜欢音乐，常常去听音乐会。

男：我可没你那么有钱。

听后选择正确答案。

(1) 关于男的，下面哪句话意思不对？　　　　　　　　　　　　　　　(D)

(2) 好动的人可能不喜欢做什么？　　　　　　　　　　　　　　　　　(B)

(3) 好静的人可能喜欢做什么？　　　　　　　　　　　　　　　　　　(D)

(4) 根据课文，哪句话意思正确？　　　　　　　　　　　　　　　　　(A)

课文四

(情景：玛丽和她的中国朋友小王聊天儿。)

玛丽：昨天我和一个老人聊天儿，他说他特别喜欢京剧，是票友。"票友"是不是就是京剧迷的意思？

小王：那可不是一般的京剧迷。"票友"不但爱听，还会唱，有的水平还相当高呢。明天你早点儿起床去公园，就能看到很多老人在一起自己拉琴自己唱。

玛丽：那除了唱戏、听戏，老人们还有什么别的娱乐？

小王：下棋啦、养鸟啦、练气功啦、跳舞啦，[4]有一种舞叫老年健身舞，还有扭秧歌。

玛丽：扭秧歌，这个我知道。是不是穿着红红绿绿的衣服，头上戴着花，有的拿扇子，有的拿绸子，这样左扭一下，右扭一下？

小王：你连这个都知道！

玛丽：我已经看过好几回了。

听后判断对错。

(1) √ (2) × (3) √ (4) × (5) × (6) √ (7) √

课文五

你喜欢旅游吗？告诉你吧，我就很喜欢旅游。旅游可以让我放松一下长时间紧张工作的身体和大脑，还可以开阔眼界，多了解外面的世界。对于像我这样每天早九晚五的人来说，春节、国庆节放假时间长，是旅游的黄金时间。别以为只有有钱人才能出去旅游，钱少，一点儿也不影响我旅游的好心情。北京城周围可看、可玩儿的地方多了，你都去过吗？我都去过了。远的地方，像西安、上海、杭州、桂林，我也去过了。将来我挣了更多的钱，有一天还要到外国看一看呢。

1. 听后填空。

旅游不但可以让我 放松一下长时间紧张工作的身体和大脑， 还可以 开阔眼界，多了解外面的世界。

2. 判断对错。

(1) √ (2) √ (3) × (4) × (5) × (6) √

录音文本及答案

第六课　交通状况

三、热身练习

（一）词语练习

2. 听句子，写出刚学过的生词。 🎧

(1) 中国<u>提倡</u>一对夫妻只生一个孩子。

(2) 这种说法<u>毫无疑问</u>是错误的。

(3) 上下班<u>高峰</u>时间常常<u>堵车</u>。

(4) 前边的十字路口向右<u>拐</u>，再走五分钟就到了。

(5) 他想跟那个电影明星<u>合影</u>，可是一直没有机会。

(6) 骑自行车去的话，<u>起码</u>要用一个小时。

(7) 随着生活水平的提高，很多人<u>拥有</u>了自己的汽车。

(8) 他们正在练习用自行车做<u>特技</u>表演。

(9) 很多大城市的空气<u>污染</u>很严重，这和汽车越来越多有很大关系。

(10) 要是<u>赶上</u>刮风下雨，骑自行车就很不方便。

（二）句子练习

听第一遍后选择正确答案，听第二遍后模仿。 🎧

1. 汽车有汽车的好处，自行车有自行车的好处。
   问：这句话是什么意思？ (D)

2. 坐公共汽车不见得比骑自行车快。
   问：这句话是什么意思？ (C)

3. 早知道这样，真不如骑车来了。
   问：从这句话我们可以知道什么？ (B)

4. 公共汽车太挤了，再说现在正是堵车的时间，我们还是骑车去吧。
   问：说话人建议骑车去的原因是什么？ (D)

5. 骑车去的话，起码要用一个小时。
   问：下面哪句话和你听到的意思一样？ (C)

四、听课文做练习

课文一 🎧

(情景：约翰和他的中国朋友小王一起聊天儿。)

约翰：小王，听说中国买汽车的人越来越多，是吗？

小王：是啊。拥有一辆自己的汽车，是很多人的梦想，特别是年轻人。随着生活水平的提高，很多人的梦想已经实现了。

约翰：有汽车的人越来越多，骑自行车的人就会越来越少吧？

小王：那倒不见得[1]。虽然有车的人越来越多，可是买不起汽车的人还是大多数。再说，自行车有自行车的好处[2]，比如不怕堵车，不会污染环境，还能锻炼身体。很多发达国家不是还提倡骑自行车吗？

约翰：你说的也是。汽车虽然快，可是要是赶上堵车，还不如骑自行车呢。

1. 听后判断对错。

(1) √   (2) √   (3) ×   (4) √   (5) ×   (6) √

2. 填空。

(1) 拥有 <u>一辆自己的汽车</u>，是很多人的梦想，特别是 <u>年轻人</u>。随着 <u>生活水平的提高</u>，很多人的梦想 <u>已经实现了</u>。

(2) 虽然有车的人越来越多，可是 <u>买不起车的人还是大多数</u>。再说，自行车 <u>有自行车的好处</u>，比如不怕 <u>堵车</u>，不会 <u>污染环境</u>，还能 <u>锻炼身体</u>。很多发达国家不是还 <u>提倡骑自行车</u> 吗？

(3) 汽车虽然快，可是 <u>要是赶上堵车</u>，还不如 <u>骑自行车</u> 呢。

课文二 🎧

(情景：玛丽和出租汽车司机谈话。)

玛丽：师傅，还有半个小时电影就开演了，来得及吗？

司机：这很难说。现在正是下班高峰时间，我也说不准会堵多长时间。

玛丽：真急人！我和朋友约好了在电影院门口见面。我要是迟到了，也会耽误他看电影。

交通状况 6

司机：要不这样吧，这儿离电影院不太远了，你就在这儿下车，快点儿走，二十分钟差不多就到了。

玛丽：可我不认识路啊。

司机：我告诉你。从这儿一直往前走，到第二个十字路口向右拐，再走两百米左右就到了。

玛丽：唉！早知道这样，真不如骑自行车来了。[3]谢谢您。这是车费，不用找了。

听后选择正确答案。

(1) 下面哪种说法是正确的？ (C)
(2) 玛丽坐出租车的时间最可能是—— (D)
(3) 司机认为堵车会堵多长时间？ (D)
(4) 玛丽为什么特别着急？ (C)
(5) 堵车的地方离电影院有多远？ (C)
(6) 玛丽要去的地方最可能在什么位置？ (D)

课文三

（情景：玛丽和她的中国朋友小王谈话。）

玛丽：小王，你每天怎么去上班？

小王：我的家离公司比较远，我要先骑半个小时的自行车，然后再坐几站地铁。

玛丽：要是赶上刮风下雨，特别是冬天下雪的时候，骑自行车很不方便吧？

小王：可不是。天气不好的时候，我就坐公共汽车再换地铁，或者干脆打车去上班。

玛丽：每天骑自行车一定很累吧？为什么不坐公共汽车呢？

小王：我已经习惯了。我把骑自行车当成一种锻炼，而且不用等车，也不怕堵车。坐公共汽车有时要等很长时间，赶上堵车，准得迟到。

玛丽：这就叫"一举两得"吧？

小王：没错。你的汉语说得越来越好了。

1. 听后选择正确答案。

(1) 小王每天怎么去上班？ (A)
(2) 冬天下雪的时候，小王怎么去上班？ (D)
(3) 小王每天上班，路上要花多长时间？最可能的答案是—— (C)

27

(4) 骑自行车的好处，课文里没有提到的是什么？　　　　　　(B)

　　(5) 小王每天不坐公共汽车上班，是因为什么？　　　　　　　(D)

2. 填空。

　　小王的家 __离__ 公司 __比较远__ ，他每天上班要先 __骑半个小时的自行车__ ，然后 __再坐几站地铁__ 。要是赶上 __刮风下雨__ ，特别是冬天 __下雪的时候__ ，他就先 __坐公共汽车__ ，然后再 __换地铁__ ，或者 __干脆打车去上班__ 。他把骑自行车当成 __一种锻炼__ ，而且不怕 __堵车__ ，不用 __等车__ ，可以说是 __一举两得__ 。

课文四 🎧

　　在北京，问10个人会不会骑自行车，起码有9个人会点头。骑车好像是北京人生存的基本技能。自行车在20世纪初传到中国，今天，毫无疑问，它依然是北京人离不开的交通工具。

　　许多来北京旅游的外国人看到上下班高峰时的自行车车流无不惊叹。外国人在北京待上一段时间，就会发现骑车的便利和乐趣。当年美国总统布什夫妇访问中国的时候，就曾在北京骑车逛街并在天安门前合影留念。如今，外国游客租自行车游京城、逛胡同已经成了北京旅游的一个项目。

　　北京的孩子很多从小就坐在爸爸或妈妈的自行车后边上幼儿园和上小学，很多孩子刚会走路就练习骑童车，可以说从小就对自行车产生了感情。现在人们出门办事，常常会担心堵车，在路不是特别远的情况下，骑自行车相对来说是最有把握的。有些北京人不光把自行车当做上下班的代步工具，而且把它当做一项体育运动。他们骑车旅游，骑车比赛，有的青少年用自行车做特技表演，还出现了很多自行车俱乐部。

1. 听后判断对错。

　　(1) √　　(2) ×　　(3) ×　　(4) √　　(5) √
　　(6) ×　　(7) ×　　(8) ×　　(9) ×　　(10) √

录音文本及答案

第七课　婚姻与家庭

三、热身练习

（一）词语练习

2. 听句子，写出刚学过的生词。

(1) 他太挑了，到现在还没有对象。

(2) 这个婚纱照的摄影师很有名。

(3) 婚礼酒席的费用是新人自己支付的。

(4) 新郎长得很酷。

(5) 我顶着北风从学校骑车回家。

(6) 他总是主动找中国学生练口语。

(7) 家务应该由夫妻一起分担。

(8) 顾客反映这批产品有质量问题。

(9) 爷爷奶奶接送孩子上学是很普遍的。

(10) 离婚率越来越高。

（二）句子练习

听第一遍后选择正确答案，听第二遍后模仿。

1. 什么时候喝你的喜酒？

　　问：说话人是什么意思？　　　　　　　　　　　　　　　　(D)

2. 他这么挑，怎么会看上这种工作？

　　问：说话人是什么意思？　　　　　　　　　　　　　　　　(D)

3. 女：你怎么这么晚才回来？

　　男：别提了，半路上汽车坏了。

　　问：根据对话，下面哪个意思不正确？　　　　　　　　　　(A)

4. 很多人喜欢6、8、9，认为它们能让人想到顺利、发财和长久。

　　问：人们可能不会选择哪一天结婚？　　　　　　　　　　　(A)

5. 我会英语，可是对法语一窍不通。

　　问：关于说话人，我们知道什么？ (C)

6. 她是个好妻子，无论老人还是孩子，她都照顾得很好。

　　问：这句话告诉我们什么？ (D)

四、听课文做练习

课文一

女：我儿子下个月6号结婚，到时候你可得来喝杯喜酒。

男：那先恭喜您了，到时候我一定去。

女：你女儿怎么样了？结婚了吧？

男：嗨，别提了！连个对象都没有呢。

女：是不是太挑了？

男：也不是。说什么不着急，先干好工作。

女：那也不能把大事耽误了。我儿子有个朋友，是中学老师，人不错，什么时候让他们认识认识？

男：那我先谢谢您了。

听后选择正确答案。

(1) 女的请男的做什么？ (C)

(2) 关于男的的女儿，下面哪句话意思正确？ (B)

(3) 对于女儿现在的情况，男的心情怎么样？ (A)

(4) "那也不能把大事耽误了"，这句话中的"大事"是什么意思？ (B)

(5) 关于女的，下面哪句话意思正确？ (D)

课文二

下面是三对年青人结婚的故事。

故事一： 一套婚纱、两套礼服、11辆花车、两位摄像师、一位摄影师、150位客人、15桌酒席……这次婚礼一共花了13万元左右，一部分由新人支付，父母也帮助了一些。如新郎父母给了新娘10001元改口费，意思是万里挑一；新娘父母给了新郎6699元改口费，意思是顺顺利利、长长久久。

　　故事二：两个人是在一个登山俱乐部里认识的，那里都是些很酷的年轻人。顶着六七级大风，爬上2400米高的山峰，这就是他们的婚礼。回到城里以后，两家人在一起吃了顿饭，就算是遵从了父母的传统。

　　故事三：没有婚礼，因为两个人都没有时间。选了一天去结婚登记处领了结婚证，就算是一家人了。两人商量等休假的时候再去国外旅行结婚。

1. 听后填空。

(1) 10001块钱的改口费意思是 <u>万里挑一</u> 。
(2) 6699块钱的改口费意思是 <u>顺顺利利</u> 、<u>长长久久</u> 。

2. 选择一句话来简单概括三个婚礼。

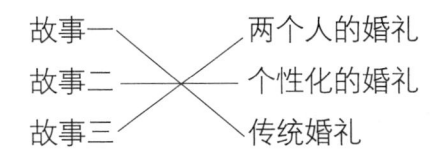

故事一　　　　两个人的婚礼
故事二　　　　个性化的婚礼
故事三　　　　传统婚礼

课文三 🎧

（情景：王奶奶送孙子的时候遇见了邻居。）

邻　　居：王奶奶，又送孙子去学钢琴啊？
王奶奶：可不是。每个周末都得去。
邻　　居：在教室外面等一个小时可够累的。
王奶奶：现在不等了，我和孙子一起学。
邻　　居：您也学钢琴？
王奶奶：是啊。我以前对音乐可是一窍不通，老陪着孙子去，慢慢地就有了兴趣，干脆自己也报了个名。
邻　　居：您这么大岁数，跟得上吗？
王奶奶：您去我们班上看看，我可不算老。再说，回家还有孙子教我呢。因为要教我，他练琴也比以前主动了。

听后判断对错。

(1) √   (2) √   (3) ×   (4) ×   (5) ×   (6) √   (7) √

课文四

近年来，不少家庭都请小保姆帮忙。小保姆为主人分担了大量的家务：照顾孩子、洗衣做饭、打扫卫生，为双职工家庭解决了不少生活上的困难。但是多数小保姆来自农村，对城市生活方式不熟悉，而且年龄普遍较低，生活经历少，做事常常缺少耐心，所以很难做好照顾幼儿、老人或病人的工作。

现在，钟点工作为一种新的服务方式，在北京、上海等地流行起来。他们到点来干活，干够时间就走，不在主人家吃住，给主人家减少了许多麻烦。钟点工大部分来自城郊，他们无论是使用家用电器，还是炒菜做饭，都比来自农村的小保姆干得好，受到用人家庭的普遍欢迎。

1. 听后选择正确答案。

(1) 哪件事不是小保姆要做的？   (A)
(2) 关于小保姆，下面哪种说法不正确？   (D)
(3) "钟点工"的意思是——   (C)
(4) 关于钟点工，下面哪种说法正确？   (D)

课文五

过去熟人见面，第一句话总说："吃了吗？"现在年青人之间朋友见面，第一句话爱问："离了吗？"这虽然是一个玩笑，但也反映了离婚越来越普遍，离婚率越来越高的社会现象。

据统计，1985年，中国的离婚对数只有45.8万对，到1990年增加到了80万对，差不多五年增加了一倍。1995年超过了100万对，达到了105.5万对。在2000年达到了121.3万对，2005年达到了178.5万对。与此同时，再婚人数不断上升，丁克家庭、未婚人口比例越来越高。中国人的婚姻观念已经发生了重大变化。

听后判断对错。

(1) ×   (2) √   (3) ×   (4) √   (5) ×   (6) √

录音文本及答案

第八课　体育运动

三、热身练习

（一）词语练习

2. 听句子，写出刚学过的生词。

(1) 他<u>扑出</u>了一个危险的<u>点球</u>。

(2) 十年过去了，她<u>依然</u>是那么年轻。

(3) 这种电影最<u>没劲</u>，又没内容，又慢吞吞的。

(4) 他很胖，可是动作很<u>灵巧</u>。

(5) 他做事不<u>动脑子</u>，别人怎么说，他就怎么做。

(6) 练太极拳身体不能紧张，要<u>放松</u>。

(7) 小王<u>脾气</u>很急，做事容易<u>冲动</u>。

(8) <u>假如</u>那个球射进去了，我们就是第一名了。

(9) 他性格内向，不喜欢说话，有点儿不<u>合群</u>。

(10) 哥哥处理问题很<u>果断</u>，弟弟总是<u>犹豫</u>不决。

（二）句子练习

听第一遍后选择正确答案，听第二遍后模仿。

1. 我猜广东队会以3：2击败上海队，进入明天的决赛。
   问：这句话的意思是什么？　　　　　　　　　　　　　　　　　(C)

2. 我从没见过像他这样的人，四五十岁了，还对玩儿网络游戏这么着迷。
   问：这句话的意思是什么？　　　　　　　　　　　　　　　　　(C)

3. 他说得这么快，你都能听懂，不简单呀！
   问：这句话的意思是什么？　　　　　　　　　　　　　　　　　(D)

4. 男：我刚想到这个主意，就被你说出来了。
   女：这就叫"英雄所见略同"。
   问：从这个对话我们可以知道什么？　　　　　　　　　　　　　(A)

33

5. 他昨晚没睡好，可能会对今天的比赛有影响。
   问：这句话的意思是什么？   (D)

四、听课文做练习

课文一

　　[本报洛杉矶 7 月 10 日电] 记者许立群报道　今天，中国女足在第三届世界杯女足决赛 点球大战中以 4：5 失利[1]，但世界杯亚军依然是中国队在历届世界杯赛上的最好成绩。

　　当地时间 12 时 50 分，中国队和美国队的决赛在洛杉矶玫瑰碗体育场进行。120 分钟比赛后，双方以 0：0 踢平，只好互射点球决定胜负。

　　美国队五个点球全部射中，中国队的第三个点球被扑出。

　　首届世界杯女足赛上，美国队就夺取了冠军。此次是她们第二次在世界杯赛上夺冠。

　　今天有 9 万多名观众顶着近 40 摄氏度的高温观看了比赛。

　　之前进行的比赛中，巴西队以 5：4 击败了挪威队，获得第三名。

听后选择正确答案。

(1) 美国队在哪几届世界杯赛中夺冠？   (B)
(2) 本届世界杯决赛的时间是——   (D)
(3) 中国队第几个出场的队员点球被扑出？   (C)
(4) 这次比赛获得亚军对中国队来说——   (B)
(5) 这则新闻应该是——   (C)

课文二

女：上个月去美国，我和朋友看过两场职业棒球比赛。球场至少能坐下八九万名观众，热闹得像过节一样。知道我们是第一次看球的外国人，一有球员上场，我旁边的美国人就不停地向我介绍，熟悉得像讲自己的儿子一样。那场比赛打了快三个小时，双方仍然是 2：2 平。

男：我也在电视上看过一次，看着看着就睡着了。等我醒过来一看，还是0：0，真没劲。也不知道美国人为什么对这种运动这么着迷。

女：不能这么说啊。足球还不是常常踢完90分钟都是0：0？一到中超比赛你还不是一样着迷[2]？

男：也是。

女：其实棒球很适合中国人玩儿。它比较"和平"，不像足球，所以它不一定需要身材高大，只要动作灵巧、反应快、肯动脑子就行了。日本、韩国就是最好的例子。

男：你说得还真有点儿道理。那我们明天就去买只棒球手套，感觉一下。

1. 听后判断对错。

(1) √ (2) × (3) × (4) √ (5) √ (6) √ (7) √

2. 根据课文填空。

棒球是很适合中国人的一项运动，它比较"和平"，不像足球，所以它不一定需要<u>身材高大</u>，只要<u>运动灵巧</u>、<u>反应快</u>、<u>肯动脑子</u>就可以了。

课文三 🎧

（情景：第一天上课后，两个学生边走边聊。）

女：咱们已经是第三次来中国了，这次除了汉语，应该再学点儿别的。

男：中国功夫世界闻名，不但可以锻炼身体，要是练好了，遇到坏人也不怕。

女：这真是"英雄所见略同"。那就学太极拳吧，咱们学校就有太极拳老师。

男：太极拳算什么功夫？慢吞吞的，两只手画完大圈画小圈。要学你自己学。

女：哎，不是我小看你，你要是真能画好这些圈还真不简单呢[3]！太极拳讲究的就是心静，胳膊、腿都要放松，这些圈要一个连一个。你听没听说过"四两拨千斤"？

男：那是什么意思？

女：就是说如果你练好了太极拳，别人用1000斤的力气打你，你用四两力气还他就行了。

男：真有这么厉害？

女：不信你就练练看，说不定还能改掉你这急脾气呢。

听后判断对错。

(1) √   (2) √   (3) √   (4) ×   (5) ×
(6) √   (7) √   (8) √   (9) ×

课文四

研究证明，体育锻炼对人的性格有特殊影响[4]。

假如你觉得自己不大合群，不习惯与别人交往，那你就选择足球、篮球、排球等集体项目来锻炼。假如你胆小、容易脸红，那就应该参加游泳、滑冰、滑雪等活动。如果你办事犹豫不决，不够果断，那就多参加乒乓球、网球、羽毛球等体育活动。如果你发现自己遇事容易急躁、冲动，那就多下下棋、打打太极拳。

听后连线。

不同性格的人分别应该做什么运动？

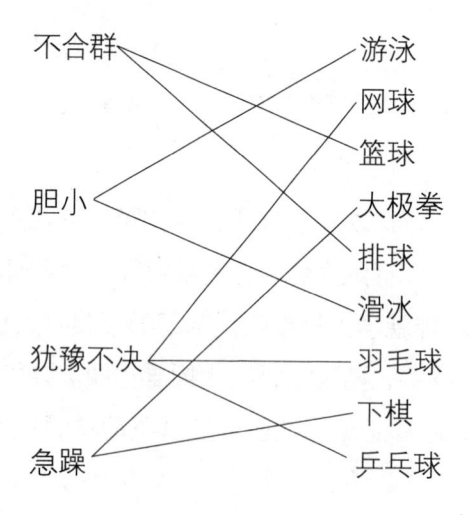

不合群 —— 游泳/网球/篮球/太极拳/排球/滑冰/羽毛球/下棋/乒乓球
胆小
犹豫不决
急躁

录音文本及答案

第九课 参观旅游

三、热身练习

(一) 词语练习

2. 听句子，写出刚学过的生词。 🎧

(1) <u>气象信息台</u>的电话号码是 12121。
(2) 张家界是国务院<u>批准</u> <u>设立</u>的中国第一个国家森林公园。
(3) 黄山是<u>举世闻名</u>的风景区。
(4) 张家界景色优美，在国际上也<u>享有</u>极高的<u>声誉</u>。
(5) 参加旅行团，买票的事不用自己<u>操心</u>。
(6) 许多大城市的生活<u>垃圾</u>问题都很严重。
(7) 旅行社之间的竞争十分<u>激烈</u>。
(8) 坐<u>软卧</u>太贵了，不划算。
(9) 那个地方没什么可看的，<u>干脆</u>别去了。
(10) 因为修建了很多工厂，这里的<u>生态</u>环境受到了严重的破坏。

(二) 句子练习

听第一遍后选择正确答案，听第二遍后模仿。 🎧

1. 赶上这样的天气，真扫兴!
    问：从这句话我们知道说话人—— (B)

2. 哪里哪里，您过奖了。
    问：从这句话我们知道说话人—— (A)

3. 跟软卧比较起来，我觉得还是坐硬卧划算。
    问：从这句话我们知道说话人—— (B)

4. 他们两个人各有所长。
    问：说话人是什么意思？ (C)

5. 这次旅行美中不足的是天气不太好。
    问：从这句话我们知道这次旅行怎么样? (B)

6. 泰山和黄山比较起来，我更喜欢后者。

　　问：从这句话我们可以知道什么？ (B)

7. 旅游既能增长知识，又能提高汉语水平，真是一举两得。

　　问：从这句话我们可以知道说话人—— (A)

四、听课文做练习

课文一 🎧

（情景：玛丽和约翰谈论周末计划。）

玛丽：约翰，又快到周末了，你有什么计划吗？

约翰：这个周末我想去张家界旅行。

玛丽：张家界可是中国著名的风景区，值得去看看。可是一个周末的时间来不及吧？

约翰：可能会耽误几天课，我已经跟老师请假了。

玛丽：老师同意了？

约翰：当然同意了，旅游也是一种学习嘛。不过最近老下雨，不知道那里的天气怎么样。好不容易去了，要是天气不好多扫兴啊！

玛丽：说的也是。[1]对了，你可以打12121气象信息台或上网查一下，就能知道那里的天气情况了。

约翰：真的吗？打电话能知道张家界的天气情况？

玛丽：没问题。12121气象信息台不仅提供市区、郊区旅游天气预报，还发布全国著名风景区的气象信息。你试试吧。

约翰：谢谢。你快成中国通了。

玛丽：哪里哪里，过奖了。

课文二 🎧

（情景：玛丽和约翰继续谈话。）

玛丽：约翰，你一个人去，还是跟旅行团去？

约翰：我一个人去，跟旅行团太受限制了。

玛丽：一个人去，买票、吃饭、住旅馆，什么都得自己操心。

约翰：可能麻烦一点儿。可是我喜欢自由自在，想去哪儿就去哪儿，想玩儿多长时间就玩儿多长时间。

玛丽：你打算怎么去？

约翰：我还没拿定主意呢。坐飞机吧，太贵；坐火车吧，时间太长。

玛丽：我建议你坐火车，而且别坐软卧，坐硬卧。

约翰：为什么？

玛丽：一是因为硬卧比软卧便宜得多，二是因为坐硬卧，你有更多的机会和中国人聊天儿，[2] 既可以练习汉语，又可以了解一下普通中国人的思想和生活，这不是一举两得吗？

约翰：好，就听你的，今天下午我就去买票。

1. 听后选择正确答案。

(1) 约翰的打算是什么？　　　　　　　　　　　　　　　　　　（B）

(2) 约翰不跟旅行团去旅行，是因为什么？　　　　　　　　　　（C）

(3) 玛丽建议约翰怎么做？　　　　　　　　　　　　　　　　　（D）

(4) "我还没拿定主意呢"是什么意思？　　　　　　　　　　　　（B）

(5) 约翰今天下午要去做什么？　　　　　　　　　　　　　　　（B）

2. 填空。

玛丽建议约翰 坐火车 ，而且 别坐软卧，坐硬卧 。一是因为 硬卧比软卧便宜得多 ，二是因为 坐硬卧可以有更多的机会和中国人聊天儿 ，既可以 练习口语 ，又可以 了解一下普通中国人的思想和生活 。

课文三

从北京乘飞机用不了3个小时，在北京西站乘 K267 次或 K507、K510 次列车，第二天就可以到达举世闻名的风景区——张家界。

张家界风景区位于湖南省西北部，是国务院批准设立的中国第一个国家森林公园。那里山奇、水秀、景色优美，是大自然赠给人类的一个如诗如画的世界。张家界除了山水美之外，还有许多珍贵的动物和植物，所以在国际上也享有极高的声誉。

张家界风景区每年接待游客一千多万人次。随着游客人数不断上升，张家界景区内的生活垃圾也在增加，对生态环境造成了一定的影响。为了恢复和保护张家界的自然生态环境，张家界市迁出了风景区内所有的居民和宾馆，以减少人类活动对风景区的污染。

1. 听后选择正确答案。

(1) 从北京乘飞机到张家界需要多长时间？　　　　　　　　　　　　(C)
(2) 怎么从北京乘火车去张家界？　　　　　　　　　　　　　　　　(C)
(3) 张家界位于什么地方？　　　　　　　　　　　　　　　　　　　(C)
(4) 张家界为什么在国际上享有极高的声誉？　　　　　　　　　　　(D)
(5) 关于张家界风景区的环境问题，哪一项对？　　　　　　　　　　(D)

课文四

旅游在现代人的生活中占有越来越重要的地位，一般来说，可以分为自助游和团体游两种。有人说前者省钱，也有人说后者划算[3]。其实两者各有所长，选哪种玩法，要看您自己的要求了。

先说团体游。现在大大小小的旅行社很多，竞争很激烈，所以一般费用不会太高。由于旅行社和机场、饭店、旅游景点之间都有联系，所以参加团体旅游的费用中，机票、住宿费、景点门票都要比同等条件下自己花费便宜得多。如果您对交通工具、吃、住要求比较高，还是选择跟团旅游比较好，而且旅行社把一切都为您安排好了，不用自己操心。但美中不足的是，跟着团走，会受到一些限制。如果自己对一个地方比较感兴趣，到时间也得走，不能根据自己的情况安排时间和行程。

再看看自助游。要是按照团体游的标准，自助游肯定要多花很多钱。但是，自己玩儿，在交通工具、吃、住等方面都可以自己做主，比如可以不坐飞机坐火车，不住大饭店而住小旅馆。对有兴趣的景点可以多玩儿一些时间，不感兴趣的景点可以干脆不去，这样也可以节省很多费用。不过，自助游一切都得自己操心，比较累。如果您能吃苦，又会计划，自助游可能花费会更少些，也会玩儿得很开心。

一句话，团体游和自助游，各有各的好处。要怎么玩儿，就看您自己的选择了。

1. 听后判断对错。

(1) √　　(2) √　　(3) √　　(4) ×　　(5) √　　(6) ×

录音文本及答案

第十课　疾病与治疗

三、热身练习

（一）词语练习

2. 听句子，写出刚学过的生词。

(1) 我嗓子疼，咽不下东西。
(2) 他这么年轻就有失眠的毛病。
(3) 受日语的干扰，这个音我老发不好。
(4) 最近我睡眠不好，白天总是没精神。
(5) 我一坐飞机就头晕、耳鸣。
(6) 咳嗽、头疼都是感冒的症状。
(7) 吃了这种药，你的气色好多了，脉搏跳得也不那么快了。
(8) 因为大雾，这次航班被取消了。
(9) 住在这个病房的都是癌症患者。
(10) 据统计，今年的留学生数量比去年增加了 10%。

（二）句子练习

听第一遍后选择正确答案，听第二遍后模仿。

1. 怪不得他想当老师，原来他们家是"教师世家"。
   问：这句话是什么意思？　　　　　　　　　　　　　　　　(C)

2. 我现在年纪大了，要不然，还不知道谁输呢。
   问：下面哪句话的意思不正确？　　　　　　　　　　　　　(B)

3. 他一出场就受到观众们的欢迎。
   问：下面哪句话的意思正确？　　　　　　　　　　　　　　(D)

4. 我每天半夜才能回家，没时间照顾孩子，不得不把他送进了全托幼儿园。
   问：这句话的意思是——　　　　　　　　　　　　　　　　(B)

5. 感冒的常见症状是流鼻涕、打喷嚏、头疼、嗓子疼，有时会发烧。
   问：这句话没提到哪种症状？　　　　　　　　　　　　　　(C)

四、听课文做练习

课文一 🎧

（情景：在篮球场。）

女：你感冒了怎么还打球？

男：我身体这么好，感冒算什么？跑跑步、打打球，出一身汗就好了，比吃药还灵。

女：那是因为你年轻，感冒也不厉害，要不然[1]，你就不会这么说了。

男：为什么？

女：感冒的时候运动对身体有害无益，特别是对心脏。感冒好了以后也不能马上运动，应该过几天再开始。还有，感冒的时候不能喝酒，最好不要洗澡……

男：你怎么知道得这么清楚？

女：你忘了，我出生在"医生世家"。

听后判断对错。

(1) × (2) √ (3) √ (4) ×
(5) √ (6) × (7) × (8) √

课文二 🎧

（情景：女的病了，男的去宿舍看她。）

女：这药太苦了，咽不下去，你帮我倒杯牛奶吧。

男：不能用牛奶吃药。

女：怎么不能？我以前常这样吃。

男：你要想身体好，从今以后就别再这样吃了。

女：有这么严重吗？

男：怎么没有？轻的会影响药效，重的还会有副作用呢。除了牛奶，你也不能用茶、酒、可乐吃药。

听后选择正确答案。 🎧

(1) 女的用牛奶吃药是因为—— (B)

(2) 关于女的,下面哪种说法正确? (D)

(3) 关于男的,下面哪种说法正确? (B)

(4) 根据课文内容,吃药的时候可以喝什么? (B)

课文三 🎧

失眠一般是由精神过度紧张、外界环境干扰和没有良好的睡眠习惯引起的。[2] 有失眠问题的人上床后很长时间不能睡着,或者虽然能很快睡着,但第二天早晨会过早地醒来,醒后就无法再睡。也有的人表现为晚上多梦。失眠常常会引起头晕、耳鸣、记忆力差等其他症状,影响工作和学习。

听后填空。

(1) 失眠一般是因为 精神过度紧张 、外界环境干扰 和 没有良好的睡眠习惯 。

(2) 失眠的症状有:上床后 很长时间不能睡着 ,或者虽然 能很快睡着 ,但第二天早晨会过早地醒来 , 醒后就无法再睡 ;有的表现为 晚上多梦 。

(3) 失眠常常会引起 头晕 、 耳鸣 、 记忆力差 等症状。

课文四 🎧

中医是中国的传统医学。随着人们对中医的认识,中医越来越受欢迎。中医看病的基本方法是"望、闻、问、切"。"望"就是看病人的气色,"闻"就是听病人发出的声音,"问"就是问病人病情,"切"就是按病人的脉搏。然后再结合当时的季节、天气等自然情况,给病人开出药方。中医使用的药物叫中药,是用植物、动物和矿物做成的,其中植物药最多。

听后填空。

(1) "望"就是 看病人的气色 ,"闻"就是 听病人发出的声音 ,"问"就是 问病人病情 ,"切"就是 按病人的脉搏 。然后再结合 当时的季节、天气等自然情况 ,给病人开出药方。

(2) 中药是用 植物 、 动物 和 矿物 做成的,其中 植物药 最多。

课文五 🎧

　　这次流感影响了美国、加拿大和整个欧洲。其中，英国的情况最为严重。上周最高峰时，全英国的空病床只剩11张！在苏格兰，几乎所有的医院都因为缺少病床而不得不[4]取消很多手术安排，让出病床来接受感冒患者。政府的统计是每1万人中有200人得上感冒，而真正的数字是平均每1万人中有300名患者。这是因为有很多患者生病后只待在家里自己吃药。

1. 听后判断对错。

(1) ×　　(2) ×　　(3) √　　(4) ×　　(5) ×

录音文本及答案

第十一课　职业与工作

三、热身练习

（一）词语练习

2. 听句子，写出刚学过的生词。

(1) 有30多名求职者参加了面试。
(2) 我在因特网上发了自己的简历。
(3) 她说话的声音越来越小，显得很没有自信。
(4) 我是她最好的朋友，很了解她有哪些优点、缺点。
(5) 妈妈常常提醒我注意看书写字的姿势。
(6) 打断别人说话是很不礼貌的。
(7) 这个公司的待遇不错，而且业务发展也很快。
(8) 我很后悔没听别人的建议。
(9) 小王硕士毕业以后，想继续读博士。
(10) 这次活动是由他们两个人策划的。

（二）句子练习

听第一遍后选择正确答案，听第二遍后模仿。

1. 这么重要的事，你怎么不事先通知我？
   问：说话人是什么意思？ (D)

2. 他穿上这件衣服，显得很年轻。
   问：这句话是什么意思？ (B)

3. 这种比赛有什么可紧张的？
   问：说话人是什么意思？ (D)

4. 这是我们公司的介绍，中英文各一份。
   问：这句话是什么意思？ (D)

5. 这个孩子从小就喜欢冒险，像跳水啦、蹦极啦，什么危险玩儿什么。
   问：这个孩子可能喜欢玩儿什么？ (C)

四、听课文做练习

课文一

面试的目的是为了[1]使公司能找到最合适的人选,为了使求职者能找到最理想的职位,这对于双方来说都是很重要的。为了面试成功,求职者应该注意做好几个方面的工作。

面试之前,求职者应该花一些时间了解一下用人公司的情况,最好事先知道主考官的名字。参加面试的时候,应该提前十到十五分钟到达面试的地点。应该多准备几份简历,因为主考官可能要交给公司其他人。最好带上一支笔和一个笔记本,以便记录重要的信息。[2]

面试的时候,要注意自己的姿势,比如要坐直,不要低头,最好看着主考官的眼睛,这样会显得你对谈话很感兴趣。主考官说话的时候,你要边微笑边点头,记住,千万不要打断主考官的话。

面试结束的时候,要跟主考官握手告别,感谢他给你面试的机会。还有,别忘了在一两天之内给每个参加面试的招聘者写一封感谢信,这不仅可以表示你的礼貌,而且可以再次引起他们对你的注意。[3]

1. 听后填空。

面试的目的是为了 _使公司能找到最合适的人选_ ,为了 _使求职者能找到最理想的职位_ 。

课文二

(情景:课间休息的时候,约翰和王老师聊天儿。)

王老师:约翰,你不是正在中国找工作吗?现在怎么样了?

约　翰:下星期五我要去一个公司参加面试。我还真有点儿紧张呢。

王老师:这有什么可紧张的? 好好儿准备一下,要有自信。

约　翰:我应该做哪些方面的准备呢?

王老师:首先,应该准备好你的简历,最好是中英文各一份。

约　翰:这我已经准备好了,而且还复印了好几份。

王老师：你还应该了解一下那个公司的基本情况，比如主要经营哪些业务，职员有多少人等。

约　翰：这我倒没想过。从哪儿才能了解到这方面的情况呢？

王老师：一般的公司都有这方面的介绍材料，你可以直接向公司要。另外，现在几乎所有公司在因特网上都有自己的主页，你也可以上网查查。

约　翰：噢，谢谢您的提醒。不过，我还是有点儿担心我的汉语水平不高，回答不了他们提出来的问题。

王老师：有些面试的时候经常会问的问题，你也可以先作一下准备。比如"你为什么愿意来本公司工作？""描述一下你的优点、缺点"，等等。

约　翰：看来，我还得再花一点儿时间好好儿准备一下。谢谢您，王老师。我刚刚学了一句中国俗话，"听君一席话，胜读十年书。"

王老师：不用客气。祝你成功！

听后选择正确答案。

(1) 约翰现在正在忙什么？　　　　　　　　　　　　　　　　　　　　(A)
(2) 对于这次面试，约翰觉得怎么样？　　　　　　　　　　　　　　　(C)
(3) 下面哪些准备工作约翰还没有做？　　　　　　　　　　　　　　　(D)
(4) 约翰怎样可以了解到公司的情况？　　　　　　　　　　　　　　　(B)
(5) 约翰担心什么？　　　　　　　　　　　　　　　　　　　　　　　(C)
(6) 和王老师谈话以后，约翰有什么想法？　　　　　　　　　　　　　(C)

课文三

（情景：两个同学聊天儿。）

女：你工作定了吗？

男：还没有呢。去几个地方面试了几次，还给二十多个单位寄了简历，到现在也没有确定的消息。你呢？

女：我也是。我只去了八九个单位，有一个单位上星期让我去签合同。

男：那你怎么不签？

女：这个单位不是我最理想的。我怕万一我签了，又找到更好的单位，到时候会后悔。

男：这样太冒险了。像咱们俩这样的专业都不是很热，专业对口，工作条件好，待遇又不错的单位本来就少，好容易找到几个，人家又只要硕士生、博士生。你这次不签，万一以后找不到更好的[5]，那不就"鸡飞蛋打"了吗？

女：我也想到了。不过我还是想赌一赌。下周六在国际展览中心有一个人才招聘会，我再去看看。实在找不到理想的工作，我就准备考研究生。

1. 听后判断对错。

(1) ×   (2) √   (3) √   (4) √   (5) ×   (6) ×   (7) ×

课文四

（下面是一则招聘广告，某外国公司北京办事处招聘公关经理一名。）

本公司欲聘北京办事处公关经理一名，年龄30岁到40岁之间，男女不限。要求：有五年以上公关经理经验，两年以上市场经验；英语口语流利，并有较强的读写能力，能熟练使用电脑；有策划大型展览会、负责公司内部活动的能力，与政府部门有良好的关系。

录音文本及答案

第十二课　健　康

三、热身练习

（一）词语练习

2. 听句子，写出刚学过的生词。

(1) 这些都是<u>瞎</u>猜，一点儿<u>根据</u>也没有。

(2) 应该<u>重视</u> 情绪锻炼，情绪锻炼能<u>促进</u> <u>心理</u>健康。

(3) 长时间的<u>悲伤</u>、<u>焦虑</u>会<u>引发</u>很多疾病。

(4) 我一坐船就觉得<u>恶心</u>。

(5) 他的病情已经得到了<u>控制</u>。

(6) <u>适度</u>地喝一点儿酒，对身体有好处。

(7) 这所大学<u>培养</u>出了很多著名科学家。

(8) 她脾气不好，一点儿小事也会<u>发火</u>。

(9) 他这个人非常<u>好胜</u>，做什么事情都想比别人做得好。

(10) 他的家庭很<u>和睦</u>。

（二）句子练习

听第一遍后选择正确答案，听第二遍后模仿。

1. 只要是我力所能及的事，我一定会帮忙。
   问：说话人是什么意思？　　　　　　　　　　　　　　　　　(C)

2. 小王这人什么都好，就是有点儿爱逞能。
   问：这句话是什么意思？　　　　　　　　　　　　　　　　　(C)

3. 一分钱也会跟人计较半天，真不像个男人！
   问：说话人的态度是怎样的？　　　　　　　　　　　　　　　(B)

4. 一天忙到晚，可忙的净是些鸡毛蒜皮的小事，真没劲！
   问：说话人是什么意思？　　　　　　　　　　　　　　　　　(D)

5. 女：你为什么总是那么快乐？
   男：我快乐是因为我有自知之明，这样就不会有那么多不必要的烦恼了。

49

问：为什么男的很快乐？ (B)

四、听课文做练习

课文一

女：又去锻炼了？

男：是啊。你也该多运动运动，你看你脸色老是不好，以后每天早上跟我一起锻炼，我叫你。

女：我正想告诉你呢。前几天我看《北京晚报》，有篇文章说不应该在早上锻炼。

男：别听他们瞎说，早上空气清新，锻炼的人多着呢。[1]

女：不是瞎说，人家是有科学根据的。太阳没出来以前，植物吸进氧气，呼出二氧化碳，特别是在秋、冬、春三季，早上六点钟左右空气污染最厉害，是污染的高峰期。而且进入秋天以后，早晨气温低，太早锻炼，不仅容易感冒，还容易引发胃病。[2]

男：那什么时间运动最好呢？

女：大概是下午四五点钟，这好像是和人体的"生物钟"有关。嗨，反正挺复杂的[3]，一两句也说不清楚。你要是想了解，我把那篇文章找给你看看。

1. 听后判断对错。

(1) ×   (2) ×   (3) √   (4) √   (5) √   (6) √   (7) ×

课文二

健康长寿是现代人的美好愿望。健康，不仅指身体健康，而且还包括心理健康。世界卫生组织对健康的定义是：健康是一种身体上、精神上和社会上完全安宁的状态，不只是没有疾病。

体育锻炼可以促进身体健康，而重视情绪锻炼，则可以促使精神健康。现代人要想健康长寿，情绪锻炼比身体锻炼更重要。心理学家把人的情绪分为两大类[4]：一类是愉快的情绪，如快乐、喜悦等；另一类是不愉快的情绪，如悲伤、焦虑、紧张、憎恨等。医学家们十分重视情绪与疾病关系的研究。研究表明，不良情绪容易引起癌症、高血压、胃痛、恶心等疾病。为了健康，现代人不论是愉快的或不愉快的情绪都应控制在适度的范围内。

1. 听后填空。

　　人的情绪分为两大类：一类是愉快的情绪，如 快乐 、 喜悦 等；另一类是不愉快的情绪，如 悲伤 、 焦虑 、 紧张 、 憎恨 等。

2. 听后判断对错。

　　(1) ×　　(2) ×　　(3) √　　(4) √　　(5) √

课文三

　　在现代生活中应该怎样注意情绪锻炼呢？

　　一、在生活变化面前，应经常保持开朗愉快的情绪。

　　二、要多方面培养自己的兴趣与爱好，如书法、绘画、集邮、养花、下棋、听音乐、跳舞、打太极拳等。

　　三、对自己要有自知之明，不要好胜逞能而去做力不从心的事。

　　四、不要过于计较个人的得失，不要常为一些鸡毛蒜皮的事发火。

　　五、经常从事一些力所能及的体育运动，这样既能锻炼身体，又能使人心情愉快。

　　六、保持和睦的家庭生活和友好的人际关系、邻里关系。

录音文本及答案

第十三课　教育与就业

三、热身练习

（一）词语练习

2. 听句子，写出刚学过的生词。

(1) 不能为了<u>一时</u>的利益作出这种决定。

(2) 你的要求太高了，他<u>毕竟</u>只是个孩子。

(3) 现在的社会光会读书是不够的，应该多接触社会，多见见<u>世面</u>。

(4) 在比赛的前半段，北京队完全处于<u>劣势</u>。

(5) 刚工作的时候，年青人都觉得自己是天才，<u>心气儿</u>都特别高。

(6) 我们做着一样的工作，可获得的薪酬却是<u>双重</u>标准，太不公平了！

(7) 在写出报告之前，我们要先<u>依次</u>完成几项<u>数据</u>调查。

(8) 从爷爷到孙子，他们家三代人都<u>从事</u>这个行业。

(9) 现行考试制度的<u>弊端</u>显而易见，要想彻底改革却不容易。

(10) 我终于走进了一直<u>向往</u>的大学校门。

（二）句子练习

听第一遍后选择正确答案，听第二遍后模仿。

1. 你说这孩子，在家什么都不吃，去幼儿园什么都抢着吃。
   问：说话人是什么语气？　　　　　　　　　　　　　　(C)

2. 今年毕业生比去年多17%，就这么一个破工作，都能打破头。
   问：这句话告诉我们什么？　　　　　　　　　　　　　(B)

3. 她就是心气儿太高了，才会到30岁还没嫁出去。
   问：说话人的意思是——　　　　　　　　　　　　　　(B)

4. 技术工人在我们这儿可是香饽饽，有一个要一个。
   问：这句话的意思是——　　　　　　　　　　　　　　(D)

5. 女：小王怎么样了？还教中学吗？
   男：早转行了。听说又打算换换。

问：关于小王，哪种说法是错误的？ (A)

6. 女：你儿子读的是名牌大学，找工作肯定没问题。

 男：那可不见得。现在的孩子找工作的条件可高了。

 问：根据对话，下面哪种说法是正确的？ (A)

四、听课文做练习

课文一

2008年教师节前夕，国务院总理温家宝强调要努力实现教育公平。收入的差距可以影响人的一时，但是接受教育的机会却可以影响人的一生。今后的教育改革和发展要把农村教育放在重要地位[1]。要改善农村教学条件，加大对农村教育的投入，逐步解决农村教师的待遇、职称、住房等问题，还要鼓励大学生到农村任教。针对许多人关注的"解放"学生的问题，温总理表示，解放学生不是让他们光去玩儿，而是给他们留下锻炼身体的时间、思考的时间、动手的时间、了解社会的时间。要教育学生学会学习，学会动手，学会动脑，学会生存，学会和别人共同生活，这是整个教育改革的内容。

听后填空。

(1) 温家宝总理强调要努力实现 教育公平 ， 收入的差距 可以影响人的一时，但是 接受教育的机会 却可以影响人的一生。

(2) 要改善 农村教学条件 ，加大 对农村教育的投入 ，逐步解决农村教师的 待遇 、 职称 、 住房 等问题，还要鼓励 大学生到农村任教 。

(3) 解放学生不是让他们光去玩儿，而是给他们留下 锻炼身体 的时间、 思考 的时间、 动手 的时间、 了解社会 的时间。要教育学生学会 学习 ，学会 动手 ，学会 动脑 ，学会 生存 ，学会 和别人共同生活 。

课文二

在国家对心理健康教育的重视程度普遍提高的今天,学生的心理健康已得到了全社会的关注,但却只有部分学校对教师的心理健康予以关注。

在对教师进行幸福指数调查时,物质条件自然必不可少。然而首要一点并不是物质,而是教师的心理健康。关注教师心理健康,对教师职业生涯的发展和自身的技能都会有所帮助。

一般看来,受环境、学生水平、工资待遇等因素影响,好学校的教师心理状态应高于普通校教师。教育专家却并不赞同。学校环境、学生质量的不同,使得教师来自管理、教学和社会期待的压力都会不同。学校特别好,学生素质相对较高,教师的经济压力不大,但也许会有更多来自专业技能、教学水平提升的压力。

因此,单纯说好学校教师的心理状态要比普通学校教师心理状态好,是不尽然的[2]。

听后判断对错。

(1) √ (2) × (3) × (4) √
(5) × (6) √ (7) × (8) √

课文三

女:你女儿快毕业了吧?打不打算回来了?

男:她自己是想试试看,先在当地找工作,联系了几个,好像都不太理想。

女:那就让她回来呗。再怎么说也是个海归呀,找个工作还是不成问题的。

男:现在可不是前几年了。早几年,只要是留学回来的,甭管是什么学校、什么专业,都跟香饽饽似的抢着要。现在你要说自己是海归,人家先要看你证书的真假,还得挑你的学校、专业。

女:那也应该比国内的毕业生好一些吧?毕竟多见了些世面。

男:所以海归对工作条件、工资待遇要求得也更高啊。在找工作时这就不是优势,而是劣势了。

女:那怎么还是那么多人打破头要出去留学?这一年的学费、生活费得多少呀!什么时候能赚回来呀!

男:就是说呀。留学不能太盲目,按中国人现在的收入水平,很多情况都是一家人省钱供一个留学生。学出来再找不着工作,你说得让父母养到什么时候?

女:那你就劝劝你女儿,让她回来算了。

男:我也是这么想的,要是在那边再找不着合适的工作,就回来。心气儿别那么高,别管什么面子,踏踏实实地找,不见得就找不到好工作。

听后选择正确答案。

(1) 他们在谈论男的女儿的什么问题? (C)

(2) 关于海归,下面哪种说法是正确的? (D)

(3) 根据对话,目前中国留学的现状是怎样的? (D)

(4) 留学生找工作时的情况是怎样的? (B)

课文四

在近5000人参加的一次职业调查中,59.3%的人表示,如果能有一次重新选择职业的机会,愿意从事教师职业。这个**数据**相比去年提高了近10个百分点。

愿意转行做教师的原因排在前三位的**依次**是:"教师工资和福利待遇越来越好"、"教师可以有寒暑假"以及"教师工作稳定"。如今,自由的人才市场给了人们更多的选择机会,同时也给他们带来了更大的压力。随着物价的上涨,生活和就业的双重压力日益加大,工资福利越来越好以及拥有寒暑两假的教师职业,自然引起大家的**向往**。

但也有相当一部分人考虑到了教师职业的"**弊端**"——"环境相对封闭,接触新鲜事物少"、"做老师职业发展会受限制",等等,这些都成为教师职业的"不利因素"。

录音文本及答案

第十四课　谈网络

三、热身练习

（一）词语练习

2. 听句子，写出刚学过的生词。

(1) 最近我看了一篇关于青少年<u>网瘾</u>问题的报道。

(2) 我常常上网看新闻，<u>下载</u>资料。

(3) 互联网上有丰富的信息，也有很多<u>乱七八糟</u>的东西。

(4) 上网有很多好处，可以开阔<u>视野</u>，增长知识。

(5) 老师要注意培养学生<u>独立</u>思考的能力。

(6) 这家咖啡厅<u>气氛</u>很好，而且可以<u>无线</u>上网。

(7) 你的笔记本电脑太旧了，早就<u>过时</u>了。

(8) 网上购物也可以<u>货比三家</u>。

(9) 父母应该多和孩子交流上网的<u>利弊</u>。

(10) 有的人上网成瘾，到了<u>难以自拔</u>的程度。

（二）句子练习

听第一遍后选择正确答案，听第二遍后模仿。

1. 如果养成良好的上网习惯，利用网络肯定是利大于弊的。
    问："利大于弊"是什么意思？ (C)

2. 我现在几乎从不逛商场，都是从网上买东西。
    问：下面哪种说法正确？ (B)

3. 他们俩是通过网上聊天儿认识的，后来成了恋人。
    问：从这句话我们可以知道什么？ (D)

4. 这种情况确实存在，但只是个别现象。
    问：这句话是什么意思？ (A)

5. 网络是一把双刃剑，利用不好，会影响青少年的身心健康。
    问："双刃剑"是什么意思？ (B)

谈网络 14

四、听课文做练习

课文一

(情景：一位学生家长和班主任老师谈孩子的学习情况。)

家　　长：王老师，我儿子最近在学校学习怎么样啊？

王老师：很好啊。特别是语文[1]，进步很大。

家　　长：我觉得他最近上网的时间比较多，我有点儿担心这会影响他的学习。

王老师：应该不会有问题。学校有时也留一些作业，让学生上网查资料。

家　　长：噢。最近我看了一篇关于青少年网瘾问题的报道，所以有点儿担心。

王老师：您的担心也不是没有道理，确实存在这样的问题。不过，只要多和孩子交流，控制好上网时间，一般不会有问题。

家　　长：孩子告诉我上网主要是看看新闻，下载资料。不过网上乱七八糟的东西太多，总让人心里不踏实。

王老师：上网还是有很多好处的，可以开阔视野，增长知识；网上有很多学习资源，可以培养孩子自主学习和独立思考的能力。只要我们一起努力，多跟孩子交流网络的利弊，培养良好的上网习惯，利用网络肯定是利大于弊的。

家　　长：您这样说我就放心了。谢谢您，王老师。

1. 听后判断对错。

　　(1) ×　　(2) ×　　(3) √　　(4) ×　　(5) √　　(6) ×

2. 听后填空。

(1) 您的担心 也不是没有道理 ，确实存在这样的问题。不过，只要 多和孩子交流 ， 控制好上网时间 ，一般不会有问题。

(2) 孩子告诉我上网主要是 看看新闻 ， 下载资料 。不过网上 乱七八糟的东西太多 ，总让人 心里不踏实 。

(3) 上网还是有很多好处的，可以 开阔视野 ， 增长知识 ；网上有很多 学习资源 ，可以培养孩子 自主学习和独立思考的能力 。只要我们一起努力， 多跟孩子交流 网络的利弊，培养 良好的上网习惯 ，利用网络肯定是 利大于弊 的。

课文二

男：学校里新开了一家咖啡厅,我们去那儿准备明天的报告吧。

女：我们得上网查资料啊。

男：咖啡厅里可以无线上网,而且是免费的。

女：是吗?那可太方便了。你平时经常去咖啡厅上网吗?

男：是啊。要一杯咖啡,可以坐半天,关键是[2]上网免费,而且环境、气氛都很好。

女：咖啡加网络,好像已经成了一种新的休闲方式了。

男：所以这种有免费无线网络的咖啡厅常常人比较多。在那儿可以一边品尝咖啡,一边上网看电影、听音乐、收发邮件,还可以和远方的朋友网上聊天儿。

女：现在很多地方都可以无线上网,确实非常方便。不过,我的笔记本电脑有点儿过时了,又大又厚,速度也慢,想换台新的。

男：现在有一种专门上网用的笔记本电脑,体积小,重量轻,携带方便,可以随时随地[3]上网获取信息。

女：那你有时间陪我去选一台吧。

男：好啊。现在我们赶紧去咖啡厅吧,晚了就没有好座位了。

1. 听后选择正确答案。

(1) 两个人打算去咖啡厅做什么? (B)

(2) 下面哪一项不是男的经常去咖啡厅上网的原因? (A)

(3) 下面哪一项不是女的想换新电脑的原因? (C)

(4) 关于专门上网用的笔记本电脑,哪一项对话中没有提到? (D)

2. 填空。

(1) 要一杯咖啡,可以 坐半天 ,关键是 上网免费 ,而且 环境、气氛 都很好。

(2) 有免费无线网络的 咖啡厅常常人比较多。在那儿可以一边 品尝咖啡 ,一边 上网看电影 、 听音乐 、 收发邮件 ,还可以 和远方的朋友网上聊天儿 。

(3) 现在有一种 专门上网用的 笔记本电脑, 体积小 , 重量轻 , 携带方便 ,可以 随时随地 上网获取信息。

谈网络 **14**

课文三 🎧

男：看看我新买的运动鞋，怎么样？

女：挺漂亮的！在哪儿买的？多少钱？

男：淘宝网啊！商店里卖七百多块，我在淘宝网上四百五就搞定了。

女：便宜那么多呀？不会是假的吧？

男：我比较过了，东西一模一样，还有防伪标志呢。

女：你常常在网上买东西吗？

男：那当然，我现在几乎从不逛商场。逛街购物又麻烦又累，提着东西跑来跑去，再加上来回车费、饮料、吃饭，加起来有时候比买的东西的价格都贵。要是退换商品，还得自己去商店跑个来回。网上购物就不一样了，你足不出户同样可以货比三家，选好商品后，可以通过网上银行付款[4]，然后等快递送货上门就行了。如果是送朋友的礼物，还可以直接让快递把东西送到朋友那儿，多方便啊！

女：网上买的东西也可以退换吗？

男：当然可以了。你可以在网上和店主联系好，通过快递送回去就行了。

女：我也想尝试一下网上购物，可又担心上当受骗。

男：不会的。在网上可以看到店主的信用度，还可以看顾客的评价和留言。我在网上完成的交易不下千笔了，从来没有被骗过。

女：那你有时间教教我怎样从网上买东西吧。

男：没问题。

1. 听后选择正确答案。 🎧

(1) 男的花多少钱买了一双运动鞋？ (C)

(2) 关于淘宝网，下面哪一种说法不正确？ (C)

(3) 下面哪一项不是男的喜欢网上购物的原因？ (D)

(4) 关于女的，下面哪种说法正确？ (C)

(5) 怎样才能知道网上商店店主的信用度？ (A)

2. 听后填空。

(1) 逛街购物 <u>又麻烦又累</u>，提着东西 <u>跑来跑去</u>，再加上 <u>来回车费</u>、<u>饮料</u>、

59

吃饭，加起来有时候 比买的东西的价格都贵 。要是 退换商品 ，还得自己去商店跑个来回 。网上购物就不一样了，你 足不出户 同样可以 货比三家 ，选好商品后，可以 通过网上银行 付款，然后等快递公司 送货上门 就行了。如果是送朋友的礼物，还可以 直接让快递把东西送到朋友那儿 ，多方便啊！

(2) 在网上可以看到店主的信用度，还可以看 顾客的评价和留言 。我在网上完成的交易 不下千笔了 ，从来 没有被骗过 。

课文四

男：我今天去参加了一个朋友的婚礼，你猜他和他的爱人是怎么认识的？

女：是你介绍的。

男：哪儿啊，我自己还是光棍儿一条呢。

女：那一定是一个什么偶然的机会，两个人一见钟情。

男：比一见钟情还要浪漫。他们俩还没见过面的时候，就喜欢上对方了。

女：噢，我明白了，那一定是网恋了。

男：这回猜对了。他们俩是通过网上聊天儿认识的，因为谈得投机，所以就从网上聊天儿发展到见面约会，从网友发展成了恋人。

女：这也没什么稀奇的。现在的年青人通过网络交友、恋爱的越来越多了。

男：我总觉得这种交往有些不安全。

女：有什么不安全的？

男：大家在网上都用假名字，谁也不了解谁的真实身份，就连是男是女都分不清楚。

女：所以大家互相之间才容易说真话呀，不用像在现实生活中一样，要隐藏真实的自己。

男：经常在新闻里看到年青人和网友见面上当受骗的报道，所以我觉得这种网上交友的方式缺少安全感。

女：你说的这种情况确实有，但只是个别现象。你也应该多上网聊聊天儿，说不定也能在网上找到你的另一半呢。

男：算了吧，我还是喜欢两个人面对面聊天儿的感觉。

1. **听后选择正确答案。**

   (1) 关于男的的朋友，下面哪种说法不正确？　　　　　　　　　　　　(C)

   (2) 关于男的，下面哪种说法正确？　　　　　　　　　　　　　　　　(B)

谈网络 **14**

(3) 女的认为大家在网上交往容易说真话的原因是—— (C)

(4) "说不定也能在网上找到你的另一半呢",这句话中的"另一半"是什么意思? (D)

2. 听后填空。

(1) 他们俩是通过 网上聊天儿 认识的,因为 谈得投机 ,所以就从网上聊天儿 发展到见面约会 ,从网友发展成了 恋人 。

(2) 男的觉得网上交往 不安全 ,因为大家在网上 都用假名字 ,谁也不了解谁的 真实身份 ,就连 是男是女 都分不清楚。

课文五 🎧

"网瘾"即"互联网成瘾综合征",英文简称为IAD,基本症状是自己不能控制上网的时间,可以不吃饭、不睡觉,但是不能不上网。患者即使意识到问题的严重性,也仍然无法控制自己,经常表现为情绪低落、头昏眼花、疲乏无力、食欲不振等。

网络成瘾的判定标准常用的有三个:一是连续一个月以上每天上网玩儿游戏四到六个小时,严重影响工作和学习;二是认为上网能得到快乐;三是不上网就会出现身体不适的症状,如头痛、出汗、烦躁不安等,但一坐到电脑前面,这些症状就立刻消失。

目前,患"网瘾"的青少年越来越多,他们长时间沉浸在网络时空当中,对互联网产生强烈的依赖,以至于[5]达到痴迷的程度而难以自拔。网络这把"双刃剑"正在影响着青少年的身心健康。形成"网瘾"的原因是多方面的,比如父母对孩子情感上的忽略,有些孩子自身的性格弱点以及学习压力大等,都可能造成青少年上网成瘾。

如何引导青少年正确使用互联网、预防和纠正青少年网络成瘾症,已经成为家庭教育中一项艰巨而紧迫的任务。

录音文本及答案

第十五课　风俗与禁忌

三、热身练习

（一）词语练习

2. 听句子，写出刚学过的生词。

(1) 春节是中国最重要的<u>传统</u>节日，人们都要回家过年。

(2) <u>泼水节</u>是泰国最<u>盛大</u>的节日。

(3) 中国人喜欢红色，因为红色代表<u>吉祥</u>。

(4) 云南是中国<u>少数民族</u>最多的省。

(5) 很多人把"七夕"称为"中国的<u>情人节</u>"。

(6) 我想向您<u>请教</u>一个问题，可以吗？

(7) "八"和"发"<u>谐音</u>，有发财的意思。

(8) <u>传统</u>节日成为<u>法定</u>假日，对孩子而言有特殊的意义。

(9) 清明节有<u>扫墓</u>和<u>踏青</u>的习俗。

(10) 每年的除夕，这里都会举行<u>祭祀祖先</u>的活动。

（二）句子练习

听第一遍后选择正确答案，听第二遍后模仿。

1. 就要离开北京了，我心里真有点儿舍不得。
   问：从这句话我们可以知道什么？　　　　　　　　　　　　(A)

2. 小李性格开朗，喜欢交朋友。小王的性格和小李恰恰相反。
   问：从这句话我们可以知道什么？　　　　　　　　　　　　(B)

3. 对孩子们而言，节日永远是快乐的。
   问：从这句话我们可以知道什么？　　　　　　　　　　　　(C)

4. 从健康的角度来讲，早睡早起是一种很好的习惯。
   问：从这句话我们可以知道什么？　　　　　　　　　　　　(C)

5. 中国很多传统节日的时间都是按阴历来说的。
   问：从这句话我们可以知道什么？　　　　　　　　　　　　(C)

62

四、听课文做练习

课文一 🎧

(情景：美国留学生海伦、泰国留学生小梅、日本留学生杏子和中国学生李春谈论各自国家的重要节日。)

海伦：李春，马上就放寒假了，你打算去哪儿？

李春：回家过年啊！春节是中国最重要的传统节日，当然要全家团圆了。

海伦：在美国，最重要的节日是圣诞节，我们也要全家人聚在一起，像中国人一样吃团圆饭，互赠礼物，特别开心。

李春：很多中国的年青人现在也过圣诞节。小梅，你们泰国的新年是什么时候？

小梅：泰国过佛历的新年，也就是泼水节。泼水节是泰国最盛大的节日，人们去寺庙里清洗佛像，把水洒向每一个从眼前走过的人，让代表纯洁的水冲走一年的烦恼，只留下幸福、平安。

李春：杏子，在日本怎么过新年？

杏子：在日本，新年叫"日正"，早晨要喝"屠苏酒"，吃专门为新年而做的菜。各家门前还摆上松枝和竹枝，叫"门松"，表示吉祥。大年初一的时候，翻阅亲朋好友寄来的贺年片也是日本人独有的一种新年喜悦。

小梅：李春，中国这么大，各地庆祝新年的方式也不一样吧？

李春：你说得对，确实是各地有各地的风俗。

杏子：那你给我们介绍一下你的家乡过春节的习俗吧。

李春：我的家乡在中国的南方，过春节除了放鞭炮、贴春联、拜年、发红包以外，还有很多特别有意思的习俗。不过，你们要想知道，只听我说没有意思。

杏子：那怎么办？

李春：你们要是真有兴趣，就跟我一起回家过春节吧！

1. 听后连线。

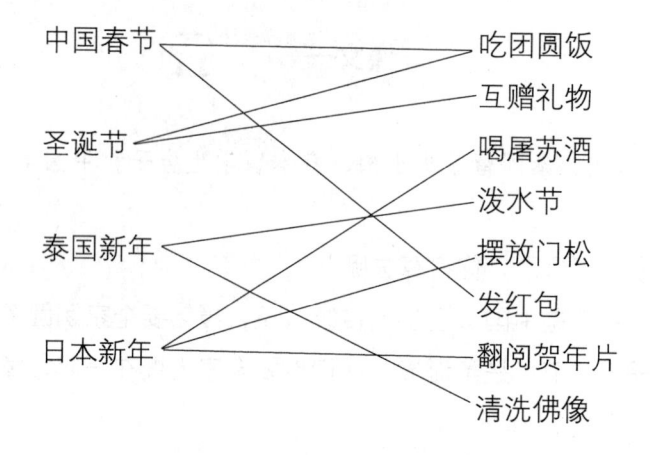

中国春节 —— 吃团圆饭
　　　　　　　互赠礼物
圣诞节 　　　　喝屠苏酒
　　　　　　　泼水节
泰国新年 　　　摆放门松
　　　　　　　发红包
日本新年 　　　翻阅贺年片
　　　　　　　清洗佛像

2. 听后填空。

　　(1) 春节是中国最重要的 传统节日 。李春的家乡在 中国的南方 ，过春节除了 放鞭炮 、贴春联 、拜年 、发红包 以外，还有很多 特别有意思的习俗 。

　　(2) 泼水节 是泰国最盛大的节日，人们去寺庙里 清洗佛像 ，把水洒向 每一个从眼前走过的人 ，让 代表纯洁 的水冲走一年的 烦恼 ，只留下 幸福 、平安 。

课文二

（情景：山本跟中国朋友谈论去云南旅游的见闻。）

丽丽：山本，听说你最近去云南旅游了，怎么样，好玩儿吗？

山本：别提多好玩儿了！我都舍不得[1]回来了。

丽丽：是吗？跟我也说说，让我也长长见识。

山本：最有意思的是了解了不同民族的风俗习惯。

丽丽：云南是中国少数民族最多的省，各民族的风俗习惯也不相同。给我举几个例子吧。

山本：比如说，白族，是云南主要的少数民族之一，白族人以白色为美，以白色为贵。而纳西族则恰恰相反[2]，他们以黑为美，以黑色为贵。

丽丽：我听说傣族还有"抢婚"的风俗。山本，你碰到"抢婚"了吗？

山本：那倒没有。但是对"抢婚"这一风俗有了一些了解，觉得很有意思。比较幸运的是我赶上了彝族的火把节。

丽丽：火把节号称"东方狂欢夜"，一定非常热闹吧？

山本：是啊！庆祝了三天三夜。彝族人民通过对火的崇拜表达对祖先的纪念、对生活的感恩和对未来的美好祝愿。

丽丽：云南真是个值得去的好地方，有机会我也要去那里旅游。

1. 听后选择正确答案。

   (1) 山本对这次云南旅行的感受是——　　　　　　　　　　　　(A)
   (2) 山本觉得这次旅行最大的收获是什么？　　　　　　　　　　(C)
   (3) 关于白族，下面说法正确的是——　　　　　　　　　　　　(B)
   (4) 关于彝族，下面说法哪一个正确？　　　　　　　　　　　　(C)
   (5) 关于傣族，下面说法正确的是——　　　　　　　　　　　　(A)
   (6) 关于纳西族，下面说法哪一个正确？　　　　　　　　　　　(D)
   (7) 关于火把节，下面说法不正确的是——　　　　　　　　　　(D)

课文三

（情景：玛丽和王老师谈话。）

玛　丽：今天是什么特殊的日子吗？卖玫瑰花的特别多，价钱也比平时贵，好像在过情人节。

王老师：真让你说对了，就是在过情人节。

玛　丽：可今天不是2月14号啊！

王老师：今天是中国农历的七月初七，又叫"七夕"，是牛郎、织女相会的日子。有人就把这一天叫做"中国的情人节"。

玛　丽：哦，原来是这样啊！难怪街上有一对对的年轻恋人，买玫瑰花、买礼物的人特别多。

王老师：其实这也是商家的一种促销手段。不过，从保护传统文化的角度来讲[3]，这倒是一件好事。"七夕"已经被列为中国国家级非物质文化遗产。

玛　丽：在中国，2月14号，年青人也过西方的情人节吗？

王老师：当然了。2月14号的情人节，比"七夕"还热闹呢！

玛　丽：这么说，中国的女孩子每年可以收到两次情人节的礼物了。

王老师：男孩子也一样啊！

1. 听后判断对错。

(1) √ (2) × (3) × (4) √ (5) √ (6) × (7) √

2. 听后填空。

今天是中国农历的 七月初七 ，又叫"七夕"，是 牛郎织女相会 的日子，有人把这一天叫做" 中国的情人节 "。"七夕"已经被列为 中国国家级非物质文化遗产 。

课文四

（情景：英国留学生海伦和她的中国朋友小王谈话。）

小王：海伦，好久不见了。最近过得怎么样？

海伦：很好啊。我又认识了很多新的中国朋友，他们对我都很友好。不过，有些事情我得向你请教一下。

小王：请教可谈不上。什么事情？你说吧。

海伦：上个周末，一个中国朋友邀请我去他家玩儿。他妈妈招待我吃水果，给了我一个很大的梨。我对我朋友说：太大了，我一个人吃不了，咱俩分着吃吧。

小王：噢，我明白了。他妈妈一定说，梨可不能两个人分着吃。

海伦：你怎么知道的？这到底是怎么回事？在朋友家里，我没好意思问。

小王：两个人分梨吃，"分梨"和表示离别的"分离"谐音，所以中国人不喜欢。

海伦：噢，原来是这样啊，我明白了。就像中国人不喜欢"四"，因为和"死"谐音，喜欢"八"，因为和"发财"的"发"谐音一样，对不对？

小王：没错。你真会举一反三，难怪你的汉语进步这么快。

2. 听后填空。

上个周末，海伦的中国朋友 邀请她去家里玩儿 ，朋友的妈妈 招待海伦吃水果 ，给她 一个很大的梨 。海伦说："太大了，我一个人 吃不了 ，咱俩 分着吃吧 。"朋友的妈妈说， 梨可不能分着吃 。原来，"分梨"和"分离"谐音，所以中国人不喜欢分着吃梨。

风俗与禁忌 15

课文五 🎧

  2007年底，中国**调整**了国家法定节假日方案，取消了已经实行了七年的"五一"黄金周，充满民族文化气息的清明节、端午节、中秋节和除夕等传统节日成为法定全民休假日，引起了社会极大反响。

  调查显示，有超过七成的**网民**赞成民族传统节日成为法定假日。**民俗**学家也表示，传统节日是民族文化的一种标记，对于民族文化的**传承**、人民团结、社会安定都具有非常重要的意义。特别是对孩子而言[4]，传统节日更有一种特殊的意义，是他们了解传统文化，参与社会活动的重要机会。如果不能放假休息，自然也就无法参与了。

  端午、中秋和除夕是大家比较熟悉的传统节日。这里简单介绍一下清明节。

  清明节，按阳历来说[5]，在每年的4月4日至6日之间。清明**扫墓**是一项重要的民俗活动，**祭祀** 祖先和去世的亲人。清明节也叫**踏青**节，因为这时正是春光明媚的时节，是春游的好时候。所以古人有清明踏青并开展一系列体育活动的习俗，如放风筝、**荡秋千**等。

1. 听后判断对错。

  (1) √ (2) × (3) √ (4) × (5) × (6) √ (7) ×

录音文本及答案

第十六课　自然与环境

三、热身练习

（一）词语练习

2. 听句子，写出刚学过的生词。 🎧

(1) 进入21世纪以来，人类面临越来越多的环境问题。
(2) 全球气候变暖，会使海平面上升。
(3) 人类大量砍伐森林，会引起严重的气候灾害。
(4) 地球正在遭受来自人类的伤害。
(5) 大量的工业废水和生活污水污染了水资源。
(6) 水资源短缺，严重影响了人们的日常生活。
(7) 我正在作一个关于汽车限行规定的民意调查。
(8) 他们把水稻种在屋顶上，利用雨水灌溉，既省地又省钱。
(9) 政府呼吁市民少开车，多使用自行车和公共交通工具。
(10) 我们必须坚持走可持续发展的道路。

（二）句子练习

听第一遍后选择正确答案，听第二遍后模仿。 🎧

1. 草地和森林面积减少，土地沙漠化问题越来越严重。
   问："土地沙漠化"是什么意思？　　　　　　　　　　　　　　(B)
2. 水污染问题与我们每个人的生活息息相关。
   问：这句话的意思是什么？　　　　　　　　　　　　　　　　(D)
3. 我只是一个小学生，怎么解决得了这么大的问题呢？
   问：说话人的意思是什么？　　　　　　　　　　　　　　　　(C)
4. 今天我的车限行，所以只好坐地铁上班。
   问：根据这句话，我们可以知道什么？　　　　　　　　　　　(A)
5. 从1974年起，联合国每年根据当年的世界主要环境问题制定"世界环境日"主题。
   问：从这句话我们可以知道什么？　　　　　　　　　　　　　(B)

68

四、听课文做练习

课文一

　　进入 21 世纪以来[1]，环境问题越来越成为人们关注的焦点。当前人类面临的最主要的五大环境问题是：

　　（一）全球气候变暖。地球表面的温度正在慢慢升高，这将引起两极的冰川融化，使海平面上升。

　　（二）森林面积减少。由于人类大量砍伐和森林火灾的发生，森林面积大量减少，会引起严重的气候灾害。

　　（三）土地沙漠化。草地和森林面积减少，土地正在变成沙漠。

　　（四）水污染严重。水污染问题与我们每个人的生活息息相关。[2]大量的工业废水和生活污水污染了水资源，再加上水资源的短缺，[3]构成足以毁灭人类的水危机。

　　（五）大气污染严重。工业废气和汽车尾气中含有大量有害物质，严重危害人类的身体健康。

课文二

(情景：小雨是个三年级的小学生，今天她在学校看了一部关于环境保护的纪录片《拯救我们的地球》，受到了很大的震动。夜里，她做了一个梦，梦见一个白胡子老爷爷向她走来……)

地球老人：小姑娘，快醒醒啊！快来救救我吧！

小　　雨：您是谁啊？为什么要我救您？

地球老人：我是"地球老人"。我正在遭受来自人类的伤害。

小　　雨：我还是不太明白。

地球老人：你跟我来。你看，工厂的烟囱正冒着黑烟，马路上各种车辆在排放尾气，大片大片的森林遭到砍伐，陆地和海洋到处都是垃圾。

小　　雨：好可怕呀！这到底是什么地方啊？

地球老人：这就是人类生活的地球。

小　　雨：我能做些什么呢？我只是一个小学生，怎么解决得了这么大的问题呢？

地球老人：虽然你还小，但你可以从生活中的小事做起[4]。比如不要乱扔垃圾，特别是废旧电池；使用再生材料制作的文具，少用或者不用一次性餐具……这都是在帮助我。不然的话，我会死的，整个人类也将毁灭。

小　　雨：我不会让您死！我不会让人类毁灭的！我一定照您说的去做，还要让我的同学和朋友都来保护您。

1. 听后判断对错。

(1) ×　　(2) √　　(3) ×　　(4) ×　　(5) √

2. 听后填空。

(1) 小雨看到地球上工厂的烟囱 正冒着黑烟 ，马路上各种车辆 在排放尾气 ，大片的森林 遭到砍伐 ，陆地和海洋 到处都是垃圾 。

(2) 保护地球可以从 生活中的小事 做起。比如不要 乱扔垃圾 ，特别是 废旧电池 ；使用 再生材料 制作的文具，少用或者不用 一次性餐具 。

课文三

（情景：早晨，李老师在校园门口遇到王老师。）

李老师：王老师，早晨好！今天您怎么没开车呀？

王老师：今天星期一，我的车限行。

李老师：噢，今天限行的车牌尾号是3和8。

王老师：对啊，您了解得还挺清楚。

李老师：不瞒您说[5]，我正在作一个关于汽车限行规定的民意调查，所以了解一些情况。每周限行一天，是不是觉得不太方便？

王老师：开始的时候确实觉得有点儿不方便，不过现在已经习惯了。而且我发现公共交通其实非常方便。

李老师：您今天是怎么来的？

王老师：我今天是坐地铁来的。虽然要走十几分钟的路，但还是比开车快多了。同样是七点钟从家里出发，到学校的时间比开车提前了二十分钟。

李老师：更重要的是您为北京的环境保护作贡献了。

自然与环境 16

1. 听后选择正确答案。

(1) 王老师为什么今天没开车? (D)

(2) 王老师今天是怎么来的? (B)

(3) 王老师觉得现在的公共交通怎么样? (B)

(4) 王老师坐地铁上班从家里出发的时间比平时开车—— (C)

课文四

(情景：两个人饭后聊天儿。)

马林：刘芳，我最近看了一篇关于各国环保措施的报道，挺有意思的。

刘芳：哦？说来听听。

马林：韩国为了环保，用土豆制作牙签，这样，牙签用完以后还可以吃。安全无毒，又节约能源，一举两得。

刘芳：真有创意！牙签变成炸薯条了。

马林：日本公园里的椅子和花盆都是用废纸做的，既减少了垃圾污染，又美化了环境。

刘芳：是啊。我也看过一些报道，比如英国把花草、水稻种在屋顶上，利用雨水灌溉，既省地又省钱。为了推广使用自行车，墨西哥首都墨西哥城的市长亲自带头骑自行车上班。

马林：最有意思的是，委内瑞拉总统为了节水，呼吁国民不要在淋浴的时候唱歌。

刘芳：这是为什么呀？

马林：如果淋浴时唱歌，会拖延淋浴的时间，自然也就浪费水了。

刘芳：真有意思。不过保护环境确实应该从身边的小事做起。[4]

2. 听后填空。

(1) 韩国为了环保，<u>用土豆制作牙签</u>，安全无毒，又节约能源，一举两得。

(2) 日本公园里的椅子和花盆都是用废纸做的，<u>既减少了垃圾污染，又美化了环境</u>。

(3) 英国把花草、<u>水稻</u>种在屋顶上，利用雨水灌溉，<u>既省地又省钱</u>。

(4) 为了推广使用自行车，墨西哥城的市长亲自带头骑自行车上班。

(5) 委内瑞拉总统为了节水，呼吁<u>国民</u>不要在淋浴的时候唱歌。

课文五

　　1972年6月5日，联合国在瑞典首都斯德哥尔摩举行了首次人类环境会议，通过了著名的《人类环境宣言》及保护全球环境的"行动计划"，规定了人类对全球环境的权利与义务的共同原则。同年10月，第27届联合国大会根据斯德哥尔摩会议的建议，决定成立联合国环境规划署，并正式将每年的6月5日定为"世界环境日"。

　　从1974年起，联合国环境规划署每年都根据当年的世界主要环境问题及热点，有针对性地制定"世界环境日"的主题，希望通过每年的"世界环境日"主题，提醒人们关注环境问题，并积极成为推动可持续发展和公平发展的行动者，使全人类拥有一个安全而繁荣的未来。1974年首个"世界环境日"主题是"只有一个地球"。

　　"世界环境日"中国主题始于2005年。2009年"世界环境日"的主题为"地球需要你：团结起来应对气候变化"。为呼应这个主题，中国环境保护部确定2009年"世界环境日"中国主题为"减少污染，行动起来"，目的是引导公众关注污染防治，参与到节能减排工作中来。

录音文本及答案

第十七课　现代生活

三、热身练习

（一）词语练习

2. 听句子，写出刚学过的生词。

(1) 你这台破电脑早就该<u>淘汰</u>了。

(2) 她什么也不说，只是<u>一个劲儿</u>地哭。

(3) 这个月开始，<u>贷款</u> <u>利率</u>又提高了。

(4) 应该从小<u>培养</u>孩子的环保<u>意识</u>。

(5) 足球这种运动，身体<u>对抗</u>性太强，不适合我。

(6) 他需要在医院<u>观察</u>一段时间，病情<u>稳定</u>了才可以出院。

(7) 面对考官的提问，他表现得很<u>从容</u>。

(8) 这套公寓所有的家电都<u>配</u>齐了，这样的<u>报价</u>不算高。

(9) 奥运会期间，<u>志愿者</u>的服务站随处可见。

(10) 这孩子应该多运动运动，<u>增强</u>一下体质。

（二）句子练习

听第一遍后选择正确答案，听第二遍后模仿。

1. 你早答应孩子带他去看球赛了，再不去，他该跟你急了。
   问：说话人是什么意思？　　　　　　　　　　　　　　　　(C)

2. 这是他们家历来的传统，偏爱男孩儿，特别是小儿子。
   问：这句话是什么意思？　　　　　　　　　　　　　　　　(D)

3. 我爱人一做饭就是西红柿炒鸡蛋，从来不知道换个花样。
   问：说话人是什么意思？　　　　　　　　　　　　　　　　(D)

4. 女：你怎么敢随便在网上找同屋？不知根不知底的，被骗了都不知道。
   男：这有什么？又能认识新朋友，又有人分担房费，一举两得的好事。
   问：根据对话，我们可以知道——　　　　　　　　　　　　(B)

5. 男：最近生意不好做，上个月刚刚赚回个本钱。
   女：行了行了，我又不跟你借钱。再怎么说，你也有个自己的生意，不像我们，只能吃工资。
   问：根据对话，我们可以知道什么？ (D)

6. 男：你看毛毛一个人玩儿多可怜。要不咱们再给他生个弟弟或妹妹？
   女：你知不知道一个孩子从出生到大学毕业得花多少钱？高得离谱！咱们养得起吗？
   问：女的是什么意思？ (A)

四、听课文做练习

课文一

（情景：小杨在公司的停车场遇见张姐。）

小杨：哟，张姐，几天不见，开上车了！没听说你学车啊！

张姐：我本儿都拿了两年了，就是一直不敢开。

小杨：现在敢了？我看看你这车——不是新车啊？

张姐：从朋友那儿买的二手车。人家发财了，要换新车，旧车淘汰了，正好让我捡个便宜。都是朋友，知根知底的，不怕上当。怎么样，不错吧？才跑了两年。

小杨：妈呀，又多一马路杀手！

张姐：什么马路杀手？我刚开车，你就这么咒我，再说，我跟你急！

小杨：行行行，不说！你说现在油价一个劲儿地涨，养个车多贵呀！再说，骑骑车、走走路，既锻炼了身体，又为首都的蓝天作了贡献，一举两得，多好啊！

张姐：那干吗你不也作作贡献？就许你享受空调，我们就得每天风吹日晒？真是站着说话不腰疼。

小杨：好，说不过你。不过你什么时候开车可得说一声。

张姐：有事啊？

小杨：躲你远点儿啊！

1. 听后判断对错。

(1) ×   (2) ×   (3) ×   (4) √   (5) ×   (6) √

课文二 🎧

小　　丽：张奶奶，这么晚了，这是擦什么呀？

张奶奶：小丽啊。下班了？你看看我擦的这是什么——租房广告。"研究生夫妻，有固定工作，收入稳定，无不良嗜好。"你说有这条件，自己买套房多好！

小　　丽：这叫什么条件？连咱们这周围的房子都要一万五了，好点儿的地方就更不用说了。再加上小户型房子又少，要买房，手里没有100万，根本就别想！

张奶奶：现在不都贷款买房吗？

小　　丽：30%的首付也受不了啊！像我们刚工作的年轻人，哪有那么多钱？还得每月还贷，贷款利率还不断提高。总不能买了房子就不吃不喝吧！

张奶奶：说的也是。这房价高得是有些离谱了。不过再怎么说[1]，也是自己的房子住着踏实。

小　　丽：买房子是为了提高生活质量，要是为了还贷，不敢吃，不敢穿，不敢玩儿，那这生活还有什么意思！

张奶奶：你们年青人哪就是这样，什么都想要。

小　　丽：反正我不想把自己变成房奴！对了，一会儿我把下半年房租给您。

听后选择正确答案。 🎧

(1) 对话中的两个人是什么关系？　　　　　　　　　　　　　　　　(C)
(2) 关于买房子，下面哪种说法不正确？　　　　　　　　　　　　　(C)
(3) 按照对话中小丽的说法，生活质量不包括什么内容？　　　　　　(A)
(4) 根据课文，什么样的条件才买得起房子？　　　　　　　　　　　(D)
(5) 关于租房和买房，课文中的观点是——　　　　　　　　　　　　(B)

课文三 🎧

　　俗话说"身体是革命的本钱"，没有一个好身体，就谈不上幸福生活。中国人历来重视养生。过去在很多人看来，养生似乎就是吃一大堆营养品，是有钱人才做得到的。现在人们知道，持之以恒的适当运动才是最好的养生之道。

　　国家也很重视普及全民健身运动，在居民集中的小区、街道间设立了很多健身广场，各式各样的健身器械供大家免费使用。如果你仔细观察就会发现，这些健身器械的热心使用者多为老年人和小孩子。年青人去了哪里呢？年青人似乎更偏爱激烈对抗性的运动。傍晚的运动场上，到处都能看到奔跑、跳跃的年青人，足球、篮球、网球、羽毛球……都是他们的最爱。年青姑娘们既想拥有健康的身体、苗条的身材，又想保持白皙漂亮的皮肤，游泳、瑜伽、健身房里的各种健身操就成了她们的最佳选择。

健身方式多种多样，健身正逐步成为中国人的生活常态。

课文四

（情景：客厅里。）

妻子：又快到老人节了，你说今年给咱爸咱妈买点儿什么好？

丈夫：年年都是营养保健品，还能有什么？

妻子：要不今年换个花样，让他们去旅游？

丈夫：旅游？咱们全家除了上班的就是上学的，谁有时间陪他们去啊？

妻子：不用我们陪。你看这报纸上的旅游版，各旅行社推出了好多"夕阳红"旅行路线，都配有专门的随团医生。

丈夫：我看看——报价也不算高。

妻子：那当然。现在已经过了暑期旅游高峰时间。而且考虑到老年人[2]的身体情况，他们的时间也安排得比较从容，一天最多参观两个景点。

丈夫：想得还挺周到。这比那种走马观花地跑了无数个地方，最后除了一堆照片，什么印象也没留下好多了。

妻子：那就这么定了。不过选哪条路线呢？咱爸对历史有兴趣，咱妈只喜欢自然风景。

丈夫：四川这条线吧。既有历史古迹，又有自然山水，而且四川美食也是值得一尝的。

妻子：行。我明天就去给他们报名。

丈夫：得找个信誉好的大旅行社，合同一定得写清楚。

妻子：放心吧。不过你可别提前告诉他们。

丈夫：知道了，给他们个惊喜呗！

1. 听后判断对错。

    (1) ×   (2) √   (3) √   (4) ×   (5) ×   (6) ×

课文五 🎧

随着社会经济的不断发展，人们在享受到了更丰富的物质生活的同时，服务社会的意识也逐步增强。越来越多的普通市民热心公益活动。在很多城市的公共汽车站，每天都能看到维持秩序的志愿人员。在周末的海滩、公园，常常会有自发组织起来的人群在捡拾被随手丢弃的垃圾。在这些人群中时常会看到身着校服的中小学生，学校在日常教育中已经开始注重对学生服务社会意识的培养。还有一些人利用节假日休息时间去养老院、儿童村，陪那里的老人、孩子聊天儿、讲故事、做游戏。

2008年四川省汶川大地震和北京奥运会使中国的志愿者队伍迅速扩大。"我是一名志愿者"，已成为越来越多人心中的骄傲！

1. 听后填空。

随着社会经济的不断发展，人们在享受到了更丰富的 物质生活 的同时， 服务社会 的意识也逐步增强。越来越多的普通市民 热心公益活动 。

录音文本及答案

第十八课　科学与迷信

三、热身练习

（一）词语练习

2. 听句子，写出刚学过的生词。

(1) 我听说这里有一位<u>算命</u>先生。

(2) 我觉得<u>星座</u>和一个人的命运没有关系。

(3) 我的<u>幸运</u>数字是8，幸运色是蓝色。

(4) 不知为什么，现在不少人相信<u>风水</u>。

(5) 科学与<u>迷信</u>最根本的区别是什么？

(6) 我的理想是长大以后当一名<u>宇航员</u>。

(7) 科学家们一直在努力<u>探索</u>宇宙的奥秘。

(8) <u>这些预言</u>是没有科学根据的。

(9) 你得拿出<u>证据</u>，别人才会相信。

(10) 古代人们相信<u>巫术</u>，是因为科技落后，对很多事情无法解释。

（二）句子练习

听第一遍后选择正确答案，听第二遍后模仿。

1. 这是一个非常好的机会，你干吗不参加呢？
   问：说话人的意思是什么？ (B)

2. 这次的考试成绩还说得过去。
   问：说话人对这次考试成绩的态度是： (C)

3. 我听说老王对风水很有研究。
   问：从这句话我们可以知道什么？ (D)

4. 算命先生有时候说得很准，我认为那只是巧合。
   问：从这句话我们可以知道什么？ (A)

5. 所谓占星术，其实就是一种迷信。
   问：从这句话我们可以知道什么？ (D)

78

四、听课文做练习

课文一

女：昨天我路过雍和宫，看到路边的小店里有很多算命的。

男：你明年不是要考研究生吗？没算一算，看看能不能考上？

女：我犹豫了半天，还是没算。

男：为什么？

女：第一是我不太相信算命，第二我也算不起。

男：算不起？

女：是啊！前几天看过一个报道，记者假扮游客去算命，11分钟就要300块。

男：要是算得准，300块也值得啊。不瞒你说，我去年去那里算过命。

女：真的？算命先生怎么说？

男：大师说我命好，25岁以后财运、官运一路畅通。但是今年下半年会有不利。

女：那怎么办呢？

男：大师说可以帮我转运。

女：怎么转？

男：大师用右手食指在我左手掌上画圈儿，一边画一边念咒语，说这样就帮我转运了。

女：你真相信算命啊？

男：说的都是好话，我干吗不相信呢？[1]我相信"信则有，不信则无"。

1. 听后判断对错。

(1) ×　　(2) ×　　(3) √　　(4) √　　(5) ×　　(6) ×

课文二

男：张燕，你什么星座？我给你看看你这周的运势怎么样。

女：你会算命啊？

男：我哪儿会算命啊？网上有，我帮你看看。

女：我可不相信这些东西。

男：嗐，我也不是全信，看着玩儿呗。不过，我看有时候还是挺准的。

女：什么时候准了？给我举个例子。

男：我是白羊座，你看这里说我本周的财运不错，投资项目会升值。

女：你的什么投资项目升值了？

男：这不，我买的两只股票这周全涨了。

女：我看这完全是巧合。

男：我本周的幸运色是黑色和咖啡色，幸运数字是0和8。

女：所以你这周穿的衣服都是黑色的。

男：对呀！我还天天喝咖啡，每天8点起床，零点睡觉。

女：你可真行！

听后选择正确答案。

(1) 关于男的，下面说法正确的是—— (C)

(2) 关于女的，下面说法正确的是—— (A)

(3) 女的是什么星座？ (D)

(4) 关于白羊座本周的运势，对话中没有提到的是—— (D)

(5) 男的说他本周的幸运色是什么颜色？ (C)

(6) 女的对星座和运势的看法是—— (B)

课文三

男：来来来，请进请进！这就是我的办公室。

女：哇，王老板的办公室好大、好气派呀！

男：老同学，别这样称呼我好不好？多不好意思啊！

女：看来，你这些年事业发展得不错啊！

男：还说得过去吧[2]。对了，你是搞建筑设计的，听说你对风水很有研究[3]。

女：研究谈不上。现代所谓风水，其实就是人和环境关系的学问[4]。好的环境会对人的情绪产生积极的影响，当然就有利于健康和事业的发展了。

男：你帮我看看我这办公室的风水怎么样。

女：我觉得你的办公室各方面都很好。我建议你摆一些盆栽，最好是叶子宽大的绿色植物，可以调节室内空气。

男：嗯，有道理。我明天就安排人办这件事。

女：这边的墙上还可以挂一幅山水画，让人觉得心胸开阔，可以调节情绪。

男：选什么样的画有讲究吗？
女：当然是根据自己的感觉，首先是自己要喜欢，看了以后心情愉快。传统风水说如果挂山水画，画中的水最好是向里边流，因为水代表财，这可能就有点儿迷信色彩了。
男：我的态度是"宁可信其有，不可信其无"。

1. 听后判断对错。

(1) ×　　(2) √　　(3) ×　　(4) ×　　(5) √　　(6) √　　(7) ×

2. 听后填空。

(1) 所谓风水，其实就是 人和环境关系 的学问。好的环境会对人的情绪产生 积极的影响 ，当然就 有利于健康和事业 的发展了。

(2) 女的建议王老板在办公室里摆一些盆栽，最好是叶子宽大的 绿色植物 ，可以 调节室内空气 ，据说还能 增加财运 。墙上还可以挂 一幅山水画 ，让人觉得 心胸开阔 ，可以 调节情绪 。传统风水认为，画中的水最好是 向里边流 ，因为 水代表财 。

课文四

男：今晚的月亮真圆啊！
女：这让我想起了"嫦娥奔月"的故事。如果真的有嫦娥，她在月亮上一定很寂寞。
男："嫦娥奔月"虽然只是一个传说，但我觉得它表达了古代人们对月亮的好奇和想了解月亮的渴望。
女：正是有了这种好奇和渴望，人类才不断地研究和探索。科学技术的发展，让人类的很多梦想都变成了现实。
男：是啊。美国在1969年就成功登上了月球。我还记得当年第一个踏上月球表面的宇航员说的那句名言，"这是我个人的一小步，却是人类的一大步"。
女：登上月球，确实是人类探索宇宙空间向前迈出的一大步。
男：中国也成功发射了宇宙飞船，实现了太空行走，离登上月球的梦想也不远了。
女：我现在也有一个梦想。
男：什么梦想？
女：希望有一天能乘坐宇宙飞船登上月球。

男：祝你早日梦想成真！那时你就是真正的嫦娥了。

1. 听后判断对错。

(1) × (2) × (3) √ (4) √ (5) ×

2. 听后填空。

(1) "嫦娥奔月"虽然 只是一个传说 ，但我觉得它表达了古代人们 对月亮的好奇和 想了解月亮的渴望 。

(2) 美国在 1969 年 就成功登上了 月球 。我还记得 当年第一个 踏上月球表面的 宇航员 说的那句 名言 ，"这是我个人的 一小步 ，却是人类的 一大步 "。

课文五

1935 年，科学哲学家波普尔出版了《研究的逻辑》一书，把占星术作为伪科学的典型。他指出，占星家们总是把他们的解释和预言说得很含糊，以至于任何不利的证据都可以在事后含糊地解释过去，所以占星术总是对的。而根据他提出的科学与非科学的划分标准，真正的科学必须具有可检验性，所以占星术不是科学。

占星家对此作出了反应，他们说自己经常作出正确的预言，虽然有时也会出现错误，但是从概率上讲，他们的预测是有效的，理论是科学的。1975 年以后，占星家利用计算机开始了占星术的现代化，大大提高了工作效率，使占星术在一些西方国家更加兴盛。

同样是在 1975 年，几位科学家起草了一份抨击占星术的声明，包括 19 位诺贝尔奖得主在内的 192 位著名科学家在这份声明上签了名。声明提出三个理由，认为占星术是伪科学：第一，它曾经是巫术；第二，它缺乏物理学根据；第三，人们相信它只是出于安慰自己的目的。

占星术到底是科学还是伪科学，至今仍然是人们广泛讨论的话题。

听后判断对错。

(1) √ (2) × (3) × (4) × (5) √ (6) √ (7) ×

录音文本及答案

第十九课　影视娱乐

三、热身练习

（一）词语练习

2. 听句子，写出刚学过的生词。 🎧

(1) 这次设计大赛，只要符合主题，创作形式不受局限。
(2) 这家咖啡店的装修风格与众不同。
(3) 这样解释这个语法点会误导学习者。
(4) 我画画儿纯粹是个人爱好，可没想过要卖画儿赚钱。
(5) 一个大男人，这么小心眼儿，我最烦这种人。
(6) 她是一时冲动才说了这些话，你千万别跟她较真。
(7) 我虽然没有取得名次，但是已经突破了自己的最好成绩，我很满意。
(8) 中国历史悠久。
(9) 这个想法也没有什么新意，都是一个框子。
(10) 我从没见过这么狂热的观众。

（二）句子练习

听第一遍后选择正确答案，听第二遍后模仿。 🎧

1. 北京这么大，可看的地方那么多，三天哪玩儿得过来？
   问：说话人的意思是—— (C)

2. 这可是妈妈最喜欢的一个花瓶，你等着挨骂吧。
   问：根据这句话，可能发生了什么？ (D)

3. 他这人从来就是这样，光说不干，还总爱挑刺。
   问：他是个什么样的人？ (D)

4. 因为经验不足，犯点儿错是难免的，不过我还真挺欣赏赵林这种敢想敢做的作风。
   问：说话人对赵林的评价，哪一种是错误的？ (A)

5. 不过是句玩笑话，你较什么真啊？
   问：根据这句话，可以知道听话人怎么了？ (B)

6. 我大学毕业到现在，在这儿干两天，在那儿帮两天忙，一直没找着个正经工作。

问：说话人是什么意思？ (D)

7. 女：你看看这些广告，甭管什么产品，模特们穿得是一个比一个少。

男：这才能吸引眼球嘛！

问：男的是什么意思？ (D)

四、听课文做练习

课文一

（情景：晚饭后，在小区花园里。）

女：不跟你们聊了。今天晚上有一部新电视剧，我得回去看。

男：现在电视剧那么多，看得过来吗？

女：我也不是什么都看，就是爱看古装剧。

男：我最烦的就是古装剧了，多拍点儿现代的故事多好。几百年前的事儿跟我们有什么关系？

女：欸，中国历史悠久，可以表现的内容多嘛！

男：可别说这是历史。用几个真人名，瞎编一些故事，这就叫历史了？纯粹是闹剧！

女：这只是电视剧，一种娱乐，不用这么认真吧？

男：不认真怎么行？历史就是历史，可不能乱写。

女：拍电视剧是为了好看，谁还把它当成真的了！

男：你分得出真假，孩子可分不出。我们家小孙子就把电视剧里写的都当成真的了，以为皇帝个个都聪明英俊，富有爱心。历史课考试，他的答案都是从电视剧里看来的。

女：还有这种事？这我还真没想到。

男：电视是大众媒体，做电视的可不能没有责任心，否则会误导孩子。

1. 听后选择正确答案。

(1) 关于两人对电视剧的态度，下面哪种说法是正确的？ (B)

(2) 关于两人对古装剧的看法，下面哪种说法是错误的？ (C)

(3) 男的对古装剧这样看是因为—— (D)

(4) 下面对两人的描述正确的一项是—— (D)

课文二 🎧

A：你看看，"影片上映三天，票房即突破6000万元"。

B：6000万？谁有这么大的号召力？

A：还能有谁？张艺谋呗！

B：也是！听说大部分电影都赔钱，像他这样拍一部赚一部的还真没几个。

A："张艺谋"这仨字儿就是票房保证，很多观众就是冲着他买的票。[1]

B：也真是奇怪，张艺谋大概是中国电影界最会赚钱，也是挨骂最多的导演了。

A：没错。这次看完了骂，下次还接着买票看。

B：你说为什么大家都盯着张艺谋，专挑他的刺？

A：大概因为他是中国进入国际影坛的大导演之一吧，影响力大，自然大家对他的期望也高了。

B：我个人比较喜欢他前期电影的风格，他后来拍的几部大片太一般了。

A：作为商业片来说，也可以算是成功了。再说，一个好导演，也应该尝试不同风格的作品，不能把自己局限在一个框子里。除了电影，他还导演过歌剧、舞剧，北京奥运会的宣传片、开幕式和闭幕式也是他导的。我还是挺欣赏他的。

听后判断对错。

(1) ×　(2) ×　(3) √　(4) √　(5) √　(6) ×　(7) √

课文三 🎧

田中：阿龙，能请教你个问题吗？

阿龙：咱俩还客气什么？说吧。

田中：我来中国快半年了，可听和说的进步比我希望的还差得远呢。一般的聊天儿还可以，稍微复杂一点儿的话题就不行了。都说看电视，既能练习听力又能学到一些有用的句式，我试了几次，根本听不懂。你常常看中文电视，你能听懂吗？

阿龙：开始的时候我也和你一样，听不懂，弄得自己很没有信心。后来我发现是我没选对电视节目。一开始就想听懂新闻当然不可能了，语速又快，特殊词又多，有些人还有口音。

田中：那我是不是应该看儿童节目？儿童节目说话慢，句子应该也不太长。

阿龙：可儿童节目说话的语气不适合我们模仿啊！

田中：那我们能看什么节目？

阿龙：我试了几次，发现译制片不错。

田中：译制片？

阿龙：对。好多外国电影、电视剧在中国都被翻译成中文了，不是中文字幕，而是汉语配音。很多电影我在美国时都看过，故事内容已经知道了，这样我可以根据故事内容，一边听，一边猜，效果不错。而且译制片的翻译很标准，句子又口语又符合语法，发音也很清楚，都说普通话。

田中：听你这么说，我也想试试了。这样的译制片多吗？

阿龙：多。电视台每周都会播出好几部，书店也有很多译制片的 DVD 卖。你看过说汉语的 "哈利·波特" 吗？挺好玩儿的！

听后填空。

(1) 对话中提到的三类电视节目是 新闻类 、 儿童类 和 译制片 。

(2) 这三类电视节目的语言特点分别是：

① 新闻类： 语速快 ， 特殊词 多，有些人 有口音 。

② 儿童类： 说话 慢， 句子 不长，不过 语气不适合成人模仿 。

③ 译制片：翻译 标准 ，句子 又口语又符合语法 ，发音 很清楚 ，都说 普通话 。

课文四

（情景：晚饭后，父子两人在客厅里。）

父亲：你看看现在这报纸，登的都是什么内容！一个明星的狗生病去医院也能成新闻，居然还有照片！[2]

儿子：这有什么新鲜的？

父亲：一些粉丝还给狗寄卡片和礼物。

儿子：这就叫爱屋及乌。

父亲：什么爱屋及乌！看这种报纸简直就是浪费时间、浪费钱。这世界上什么好新闻没有？就算是娱乐新闻，也不能这么无聊啊！

儿子：您觉得无聊，有人不觉得无聊。那些狂热的粉丝们真的对明星的一切都想知道。

父亲：也不是说不能追星，听听他的歌，看看他的电影、电视也就可以了。

儿子：您这哪叫追星！追星就是得疯狂、冲动，再加上一点点幼稚，年青人嘛！想想您跟我妈年青的时候，不也和他们一样？只不过你们追求的对象不同而已。

父亲：年青人这样也不是不能理解，可报纸登这样的新闻不是有意引导吗？

儿子：报纸也得生存啊！没有点儿与众不同、能吸引别人眼球的东西，谁还会买呀？

父亲：可……

儿子：嗐，现在就是一个多元时代，何必[2]这么较真？不想看，跳过去就得了。

听后选择正确答案。

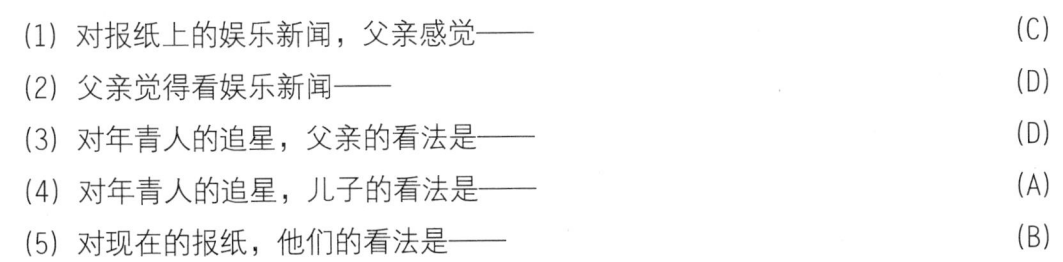

(1) 对报纸上的娱乐新闻，父亲感觉—— (C)

(2) 父亲觉得看娱乐新闻—— (D)

(3) 对年青人的追星，父亲的看法是—— (D)

(4) 对年青人的追星，儿子的看法是—— (A)

(5) 对现在的报纸，他们的看法是—— (B)

(6) 关于报纸上的这条新闻，儿子是如何劝解父亲的？ (D)

录音文本及答案

第二十课　经典人物

三、热身练习

（一）词语练习

2. 听句子，写出刚学过的生词。

(1) 他一遇到问题就<u>抱怨</u>别人。
(2) 这是老毛病了，一到这个季节就<u>犯</u>。
(3) 别人有问题问他的时候，他总是很不<u>耐烦</u>。
(4) 一般的童话故事都是<u>大团圆</u>结局。
(5) 愿天下有情人<u>终成眷属</u>。
(6) 这是东北地区广为<u>流传</u>的一首民歌。
(7) 年青人不经历一点儿<u>挫折</u>怎么能真正长大？
(8) 两个人相互<u>爱慕</u>，可是谁都不肯主动表达。
(9) 不管是谁<u>犯法</u>，都会受到法律的惩罚。
(10) 这一事件的成功解决，充分<u>显示</u>了他处理危机的能力。

（二）句子练习

听第一遍后选择正确答案，听第二遍后模仿。

1. 志愿者热心助人的事迹不胜枚举。
   问：这句话的意思是什么？　　　　　　　　　　　　　　　　(D)
2. 坚持锻炼的人总是对锻炼的好处津津乐道。
   问：这句话的意思是什么？　　　　　　　　　　　　　　　　(C)
3. 男：我想找个时间带咱儿子现场看场篮球赛。
   女：到时候你光顾着自己大喊大叫了，还能记着儿子？
   问：女的对这件事的态度是什么？　　　　　　　　　　　　　(C)
4. 男：让你这个名牌大学的毕业生在办公室当秘书，可真是大材小用了。
   女：我刚毕业，多做点儿事，积累些经验也是有好处的。
   问：他们对这个工作是怎么看的？　　　　　　　　　　　　　(D)

88

5. 在家里让他干点儿活儿,还得我和他妈跟在后面给他"擦屁股",还想自己开公司?

　　问:说话人是什么意思? (A)

6. 算了吧,咱们再练也踢不过他们,人家以前可都是专业队的。

　　问:这句话的意思是什么? (C)

四、听课文做练习

课文一 🎧

(情景:田中和李浩在公寓里,一个在看报纸,一个在听音乐。)

田中:李浩,你看这段新闻——一个姓赵的先生坐出租车时把包放在后座上,下车时光顾着[1]接电话,忘了拿包。包里有刚从银行取出来的5万元人民币、3千欧元、护照,还有其他一些材料。他母亲知道后急得高血压病都犯了。没想到第二天那个司机根据材料上的信息找到了他的家,把包还给了他。

李浩:只有包吗?

田中:当然还有包里的东西。

李浩:我知道,跟你开个玩笑。你说的这个我也看到了。这世界还是好人多啊!

田中:可是他母亲为什么说这个司机师傅是"活雷锋"?"活雷锋"是什么意思?

李浩:噢,这我可得给你好好说说。雷锋在中国可是个家喻户晓的人物。

田中:他是英雄吗?

李浩:当然是英雄!不过不是打仗的英雄。他最了不起的就是在任何时候、任何地方都想着帮助别人。现在我们把那些热心帮助别人的人都叫做"雷锋"。

田中:原来是这样。那我也应该向他学习。

李浩:你要是像他那样做,我们就该叫你"洋雷锋"了。

听后判断对错。

　　(1) ×　　(2) ×　　(3) ×　　(4) √　　(5) ×　　(6) √　　(7) √

课文二

(情景：下班后，在公司办公室。)

同事：老王，下班了还不回家？

老王：回什么家呀？看看这一大堆报告。

同事：怎么就你一个人呀？你们科不是新来一大学生吗？

老王：可别提他了！这报告就是他写的。开会分配工作的时候，说什么他都明白，你要是多提醒他两句，他就一脸不耐烦的样子。结果干出来的就是这个水平，还得重做。

同事：干吗你给他改呀？让他自己改。

老王：算了吧，还是我自己来快点儿。

同事：嗐，都一样！我们办公室去年来的那个大学生，都快半年了，还没有哪件事干得没毛病过。就这么着，还天天觉得咱这庙小，装不下他了。

老王：也不用说别人。我女儿毕业工作一年了，天天回家抱怨遇不上伯乐，把她这大材给小用了。天天盼伯乐，有伯乐，也得看你自己是不是千里马呀！在家里让她干点儿什么，还得她妈跟在后面给她"擦屁股"，在单位，你说能好到哪儿去？

同事：年青人都是这样，经过几次挫折就踏实了。

1. 听后选择正确答案。

(1) 老王为什么还留在办公室里？ (C)

(2) 关于老王的女儿，下列说法不正确的是—— (A)

(3) 关于老王办公室的大学生，下列唯一正确的说法是—— (B)

课文三

如果要问中国历史上最聪明的人是谁，"诸葛亮"大概是多数中国人会脱口而出的一个名字。诸葛亮是三国时候的人，他到底有多聪明，智商到底有多高，没人说得清，可关于他的那些传奇故事，他身后的一代又一代人总是津津乐道，像草船借箭、借东风、火烧赤壁、空城计……因他而出的成语、俗语更是不胜枚举，像"三顾茅庐""鞠躬尽瘁""舌战群儒"，等等。至今，在一个团体中，人们还把那些聪明灵活、主意多、办法多的人叫做"小诸葛"；需要发挥集体智慧时，就说"三个臭皮匠，顶个诸葛亮"；若有人在事情发生后跳出来显示自己聪明时，就说他是"事后诸葛亮"。"诸葛亮"已经成了"聪明"的代名词。

听后连线。

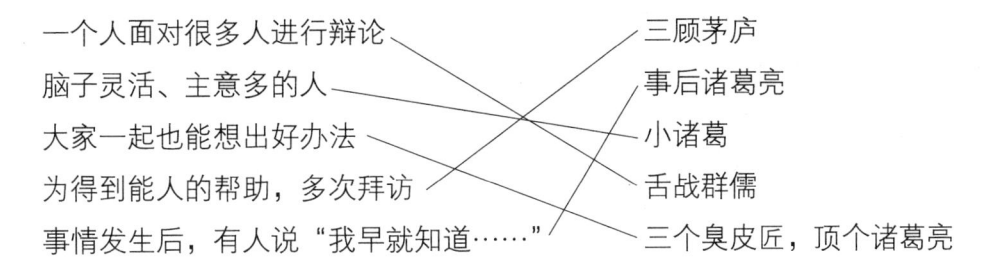

一个人面对很多人进行辩论　　　　三顾茅庐
脑子灵活、主意多的人　　　　　　事后诸葛亮
大家一起也能想出好办法　　　　　小诸葛
为得到能人的帮助，多次拜访　　　舌战群儒
事情发生后，有人说"我早就知道……"　三个臭皮匠，顶个诸葛亮

课文四

（情景：小宋去大卫宿舍找他，想请他看京剧。）

小宋：我有两张明天晚上的京剧票，想不想一起去看啊？
大卫：想是想，就怕听不懂。我换电视频道时看过几眼，要没有字幕，一个词都听不出来。
小宋：剧场里也有字幕，而且现场看的效果比看电视好多了！再说，不是还有我吗？
大卫：行，那就试试。不过你最好能先给我讲讲故事内容。
小宋：没问题。明天有两出戏，其中一出是包公戏。
大卫：包公我知道，我去开封旅游时，还参观过包公祠呢！
小宋：那你说说看，他是什么人。
大卫：包公是北宋时候的人，权力很大，很厉害，连皇帝都怕他。
小宋：权力再大也大不过皇帝呀！[3]皇帝为什么怕他呢？
大卫：这我就不太清楚了。
小宋：因为他不怕皇帝。不管是谁犯法，哪怕是皇亲的亲戚，他也一样敢杀[2]。如果是穷人，他也会给你公道。所以老百姓都叫他"包青天"。现在我们还把像他这样公正的好官叫"青天"。
大卫：那我们明天看的包公戏是个什么样的故事？
小宋：明天的戏叫《铡美案》，是包公故事中流传最广的一个。

听后判断对错。

(1) ×   (2) ×   (3) ×   (4) √
(5) ×   (6) √   (7) √   (8) √

课文五

　　《西厢记》是元代剧作家王实甫的代表作品，讲述了崔莺莺和张生的爱情故事。崔莺莺和张生相互爱慕，却遭到崔老夫人的多次破坏。在崔莺莺侍女红娘的帮助下，二人才得以相见。故事最终以大团圆结局。

　　在700年后的今天，也许有人不知道崔莺莺，不知道张生，但"红娘"却依然活跃在现代人的生活中。在《西厢记》中，由于红娘的热心相助，相爱的崔莺莺和张生终成眷属。在现代人的爱情故事中，"红娘"们扮演着同样重要的角色[4]，"红娘"这个词已成为婚姻介绍人的代称。